吉林全書

雜集編

㉙

吉林文史出版社

圖書在版編目（CIP）數據

鎮國公蒙荒案卷 / 札薩克蒙荒行局等編 . -- 長春 : 吉林文史出版社 , 2025. 5. -- (吉林全書). -- ISBN 978-7-5752-1136-9

Ⅰ. D927.264.236.5

中國國家版本館 CIP 數據核字第 2025S13V49 號

ZHEN GUO GONG MENG HUANG ANJUAN

鎮　國　公　蒙　荒　案　卷

編　　者　札薩克蒙荒行局等
出 版 人　張　强
責任編輯　王　非　趙　藝
封面設計　溯成設計工作室
出版發行　吉林文史出版社
地　　址　長春市福祉大路5788號
郵　　編　130117
電　　話　0431-81629356
印　　刷　吉林省吉廣國際廣告股份有限公司
印　　張　41.75
字　　數　119千字
開　　本　787mm × 1092mm　1/16
版　　次　2025年5月第1版
印　　次　2025年5月第1次印刷
書　　號　ISBN 978-7-5752-1136-9
定　　價　210.00圓

《吉林全書》編纂委員會

總主编

曹路寶

雜集編主编

胡維革　李德山　劉奉文

《吉林全書》學術顧問委員會

學術顧問

（按姓氏音序排列）

邴　正　陳紅彦　程章燦　杜澤遜　關樹東　黄愛平　黄顯功　江慶柏

姜偉東　姜小青　李花子　李書源　李　岩　李治亭　厲　聲　劉厚生

劉文鵬　全　勤　王　鍔　韋　力　姚伯岳　衣長春　張福有　張志清

總序

『長白雄東北，嵯峨俯塞州。』吉林省地處中國東北中心區域，是中華民族世代生存融合的重要地域，素有『白山松水』之地的美譽。歷史上，華夏、濊貊、肅慎和東胡族系先民很早就在這片土地上繁衍生息，高句麗、渤海國等中國東北少數民族政權在白山松水間長期存在，以契丹族、女真族、蒙古族、滿族融合漢族在内的多民族形成的遼、金、元、清四個朝代，共同賦予吉林歷史文化悠久獨特的優勢和魅力，决定了吉林文化不可替代的特色與價值，具有緊密呼應中華文化整體而又與衆不同的生命力量，見證了中華民族共同體的融鑄和我國統一多民族國家的形成與發展。

提到吉林，自古多以千里冰封的寒冷氣候爲人所知，一度是中原人士望而生畏的苦寒之地，一派肅殺之氣。再加上吉林文化在自身發展過程中存在着多次斷裂，致使衆多文獻湮没、典籍無徵，一時多少歷史文化精粹『明珠蒙塵』，因此，形成了一種吉林缺少歷史積澱，文化不若中原地區那般繁盛的偏見。實際上，在數千年的漫長歲月中，吉林大地上從未停止過文化創造，自青銅文明起，從先秦到秦漢，再到隋唐直至明清，吉林地區不僅文化上不輸中原地區，還對中華文化産生了深遠的影響，爲後人留下了衆多優秀古籍，涵養着吉林文化的根脉，猶如璀璨星辰，在歷史的浩瀚星空中閃耀着奪目光輝，標注着地方記憶的傳承與中華文明的賡續。我們需要站在新的歷史高度，用另一種眼光去重新審視吉林文化的深邃與廣闊，通過豐富的歷史文獻典籍去閱讀吉林文化的傳奇與輝煌。

吉林歷史文獻典籍之豐富，源自其歷代先民的興衰更替、生生不息。吉林文化是一個博大精深的體系，從左家山文化的『中華第一龍』，到西團山文化的青銅時代遺址，再到二龍湖遺址的燕國邊城，都見證了吉林大地的文明在中國歷史長河中的肆意奔流。早在兩千餘年前，高句麗人的《黄鳥歌》《人參贊》以及《留記》等文史作品就已在吉林誕生，成爲吉林地區文學和歷史作品的早期代表作。高句麗文人之《新集》，渤海國人『疆理雖重海，車書本一家』之詩篇，金代海陵王詩詞中的『一咏一吟，冠絶當時』，再到金代文學的『華實相扶，骨力遒上』，皆凸顯出吉林不遜文教、獨具風雅之本色。

吉林歷史文獻典籍之豐富，源自其地勢四達并流、山水環繞。吉林土地遼闊而肥沃，山河壯美而令人神往，吉林大地可耕可牧、可漁可獵，無門庭之限，亦無山河之隔，進出便捷，四通八達。沈兆禔在《吉林紀事詩》中寫道，『肅慎先徵孔氏書』，印證了東北邊疆與中原交往之久遠。早在夏代，居住於長白山脚下的肅慎族就與中原建立了聯係。一部《吉林通志》，『考四千年之沿革，挈領提綱；綜五千里之方輿，辨方正位』，從時間和空間兩個維度，寫盡吉林文化之淵源深長。

吉林歷史文獻典籍之豐富，源自其民風剛勁、民俗絢麗。《長白徵存録》寫道，『日在深山大澤之中，伍鹿豕、耦虎豹，非素嫻技藝，無以自衛』，描繪了吉林民風的剛勁無畏，爲吉林文化平添了幾分豪放之感。清代藏書家張金吾也在《金文最》中評議，『知北地之堅强，絶勝江南之柔弱』，足可見，吉林大地與生俱來的豪健英杰之氣。同時，與中原文化的交流互通，也使邊疆民俗與中原民俗相互影響、不斷融合，既體現出敢於拼搏、鋭意進取的開拓精神，又兼具脚踏實地、穩中求實的堅韌品格。

吉林歷史文獻典籍之豐富，源自其諸多名人志士、文化先賢。自古以來，吉林就是文化的交流彙聚之地，從遼、金、元到明、清，每一個時代的文人墨客都在這片土地留下了濃墨重彩的文化印記。特别是，清代東北流人的私塾和詩社，爲吉林注入了新的文化血液，用中原的文化因素教化和影響了東北的人文氣質和文化形態；至近代以『吉林三杰』宋小濂、徐鼐霖、成多禄爲代表的地方名賢，以及寓居吉林的吴大澂、金毓黻、劉建封等文化名家，將吉林文化提升到了一個全新的高度，他們的思想、詩歌、書法作品中無一不體現着吉林大地粗狂豪放、質樸豪爽的民族氣質和品格，滋養了孜孜矻矻的歷代後人。

盛世修典，以文化人，是中華民族延續至今的優良傳統。我們在歷史文獻典籍中尋找探究有價值、有意義的歷史文化遺産，於無聲中見證了中華文明的傳承與發展。吉林省歷來重視地方古籍與檔案文獻的整理出版。自二十世紀八十年代以來，李澍田教授組織編撰的《長白叢書》，開啓了系統性整理、組織化研究吉林文獻典籍的先河，贏得了『北有長白，南有嶺南』的美譽；進入新時代以來，鄭毅教授主編的《長白文庫》叢書，繼續肩負了保護、整理吉林地方傳統文化典籍，弘揚民族精神的歷史使命，從大文化的角度折射出吉林文化的繽紛异彩。隨着《中國東北史》和《吉林通史》等一大批歷史文化學術著作的問世，形成了獨具吉林特色的歷史文化研究學術體系和話語體系，對融通古今、賡續文脉發揮了十分重要的作用。正是擁有一代又一代富有鄉邦情懷的吉林文化人的辛勤付出和豐碩成果，使我們具備了進一步完整呈現吉林歷史文化發展全貌，淬煉吉林地域文化之魂的堅實基礎和堅定信心。

當前，吉林振興發展正處在滚石上山、爬坡過坎的關鍵時期，機遇與挑戰并存，困難與希望同在。站在這樣的歷史節點，迫切需要我們堅持高度的歷史自覺和人文情懷，以文獻典籍爲載體，全方位梳理和展示吉林政治、經濟、社會、文化發展的歷史脉絡，讓更多人瞭解吉林歷史文化的厚度和深度，感受這片土地獨有的文化基因和精神氣質。

鑒於此，吉林省委、省政府作出了實施《吉林全書》編纂文化傳承工程的重大文化戰略部署，這不僅是深入學習貫徹習近平文化思想、認真落實黨中央關於推進新時代古籍工作要求的務實之舉，也是推進吉林優秀傳統文化保護傳承、建設文化强省的重要舉措。歷史文獻典籍是中華文明歷經滄桑留下的最寶貴的東西，是吉林優秀歷史文化『物』的載體，彙聚了古人思想的寶藏、先賢智慧的結晶。對歷史最好的繼承，就是創造新的歷史。傳承延續好這些寶貴的民族記憶，就是要通過深入挖掘古籍藴含的哲學思想、人文精神、價值理念、道德規範，推動中華優秀傳統文化創造性轉化、創新性發展，作用于當下以及未來的經濟社會發展，更好地用歷史映照現實、遠觀未來。這是我們這代人的使命，也是歷史和時代的要求。

從《長白叢書》的分散收集，到《長白文庫》的萃取收録，再到《吉林全書》的全面整理，以歷史原貌和文化全景的角度，進一步闡釋了吉林地方文明在中華文明多元一體進程中的地位作用，講述了吉林人民在不同歷史階段爲全國政治、經濟、文化繁榮所作的突出貢獻，勾勒出吉林文化的質實貞剛和吉林精神的雄健磊落、慷慨激昂，引導全省廣大幹部群衆更好地瞭解歷史、瞭解吉林，挺起文化脊梁、樹立文化自信，不斷增强砥礪奮進的恒心、韌勁和定力，持續激發創新創造活力，提振幹事創業的精氣神，爲吉林高品質發展明顯進位、全面振興取得新突破提供有力文化支撑，彙聚强大精神力量。

爲扎實推進《吉林全書》編纂文化傳承工程，我們組建了以吉林東北亞出版傳媒集團爲主體，涵蓋高等院校、研究院所、新聞出版、圖書館、博物館等多個領域專業人員的《吉林全書》編纂委員會，并吸收國内知名清史、民族史、遼金史、東北史、古典文獻學、古籍保護、數字技術等領域專家學者組成顧問委員會，經過認真調研、反復論證，形成了《〈吉林全書〉編纂文化傳承工程實施方案》，確定了『收集要全、整理要細、研究要深、出版要精』的工作原則，明確提出在編纂過程中不選編、不新創，尊重原本、致力全編，力求全方位展現吉林文化的多元性和完整性。在做好充分準備的基礎上，《吉林全書》編纂文化傳承工程於二〇二四年五月正式啓動。

爲高質量完成編纂工作，編委會對吉林古籍文獻進行了空前的彙集，廣泛聯絡國内衆多館藏單位，尋訪民間收藏人士，重點以吉林省方志館、東北師範大學圖書館、長春師範大學圖書館、吉林省社科院爲收集源頭開展了全面的挖掘、整理和集納；同時，還與國家圖書館、上海圖書館、南京圖書館、遼寧省圖書館、吉林省圖書館、吉林市圖書館等館藏單位及各地藏書家進行對接洽談，獲取了充分而精准的文獻信息。同時，專家學者們也通過各界友人廣徵稀見，在法國國家圖書館、日本國立國會圖書館、韓國國立中央圖書館等海外館藏機構搜集到諸多珍貴文獻。在此基礎上，我們以審慎的態度對收集的書目進行甄別、分類、整理和研究，形成了擬收録的典藏文獻名録，分爲著述編、史料編、雜集編和特編四個類別。此次編纂工程不同於以往之處，在於充分考慮吉林的地理位置和歷史變遷，將散落海内外的日文、朝鮮文、俄文、英文等不同文字的相關文獻典籍一并集納收録，并以原文搭配譯文的形式收於特編之中。截至目前，我們已陸續對一批底本最善、價值較高的珍稀古籍進行影印出版，爲館藏單位、科研機構、高校院所以及歷史文化研究者、愛好者提供參考和借鑒。

『周雖舊邦，其命維新』，文獻典籍最重要的價值在於活化利用。編纂《吉林全書》并不意味着把古籍束之高閣，而是要在『整理古籍、複印古書』的基礎上，加强對歷史文化發展脉絡的前後貫通、左右印證，更好地服務於對吉林歷史文化的深入挖掘研究。爲此，我們同步啓動實施了『吉林文脉傳承工程』，旨在通過『研究古籍、出版新書』，讓相關學術研究成果以新編新創的形式著述出版，借助歷史智慧和文化滋養，通過創造性轉化、創新性發展，探尋當前和未來的發展之路，以守正創新的正氣和鋭氣，賡續歷史文脉、譜寫當代華章。

做好《吉林全書》編纂文化傳承工程是一項『汲古潤今，澤惠後世』的文化事業，責任重大、使命光榮。我們將秉持敬畏歷史、敬畏文化之心，以精益求精、止於至善的工作信念，上下求索、耕耘不輟，爲實現文化種子『藏之名山，傳之後世』的美好願景作出貢獻。

《吉林全書》編纂委員會

二〇二四年十二月

凡例

一、《吉林全書》（以下簡稱《全書》）旨在全面系統收集整理和保護利用吉林歷史文獻典籍，傳播弘揚吉林歷史文化，推動中華優秀傳統文化傳承發展。

二、《全書》收録文獻地域範圍，首先依據吉林省當前行政區劃，然後上溯至清代吉林將軍、寧古塔將軍所轄區域内的各類文獻。

三、《全書》收録文獻的時間範圍，分爲三個歷史時段，即一九一一年以前，一九一二至一九四九年，一九四九年以後。每個歷史時段的收録原則不同，即一九一一年以前的重要歷史文獻，收集要『全』；一九一二至一九四九年間的重要典籍文獻，收集要『精』；一九四九年以後的著述豐富多彩，收集要『精益求精』。

四、《全書》所收文獻以『吉林』爲核心，着重收録歷代吉林籍作者的代表性著述，流寓吉林的學人著述，以及其他以吉林爲研究對象的專門著述。

五、《全書》立足於已有文獻典籍的梳理、研究，不新編、新著、新創。出版方式是重印、重刻。

六、《全書》按收録文獻内容，分爲著述編、史料編、雜集編和特編四類。

著述編收録吉林籍官員、學者、文人的代表性著作，亦包括非吉林籍人士流寓吉林期間創作的著作。作品主要爲個人文集，如詩集、文集、詞集、書畫集等。

史料編以歷史時間爲軸，收録一九四九年以前的歷史檔案、史料、著述，包含吉林的考古、歷史、地理資料等；收録吉林歷代方志，包括省志、府縣志、專志、鄉村村約、碑銘格言、家訓家譜等。

雜集編收録關於吉林的政治、經濟、文化、教育、社會生活、人物典故、風物人情的著述。

特編收録就吉林特定選題而研究編著的特殊體例形式的著述。重點研究認定『滿鐵』文史研究資料和東北亞各民族不同語言文字的典籍等。關於特殊歷史時期，比如，東北淪陷時期日本人以日文編寫的『滿鐵』資料作爲專題進行研究，以書目形式留存，或進行數字化處理。開展對滿文、蒙古文，高句麗史、渤海史、遼金史的研究，對國外研究東北地區史和高句麗史、渤海史、遼金史的研究成果，先作爲資料留存。

七、《全書》出版形式以影印爲主，影印古籍的字體版式與文獻底本基本保持一致。

八、《全書》整體設計以正十六開開本爲主，對於部分特殊内容，如，考古資料等書籍采用一比一的比例還原呈現。

九、《全書》影印文獻每種均撰寫提要或出版説明，介紹作者生平、文獻内容、版本源流、文獻價值等情況。影印底本原有批校、題跋、印鑒等，均予保留。底本有漫漶不清或缺頁者，酌情予以配補。

十、《全書》所收文獻根據篇幅編排分册，篇幅適中者單獨成册，篇幅較大者分爲序號相連的若干册，篇幅較小者按類型相近或著作歸屬原則數種合編一册。數種文獻合編一册以及一種文獻分成若干册的，頁碼均單排。若一本書中收録兩種及以上的文獻，將設置目録。各册按所在各編下屬細類及全書編目順序編排序號，全書總序號則根據出版時間的先後順序排列。

鎮國公蒙荒案卷

札薩克蒙荒行局等　編

提要

《鎮國公蒙荒案卷》光緒三十二年（一九〇六）抄本。東北師範大學圖書館藏，孤本。此書是繼《辨理札薩克圖蒙荒案卷》之後，辦理札薩克鎮國公旗（即哲里木盟科爾沁右翼後旗）的荒務檔案資料彙編。記載自光緒三十年（一九〇四）至光緒三十二年（一九〇六），鎮國公旗放墾洮兒河以南蒙荒和安廣縣（今屬大安）建置的具體過程。内含辦理札薩克鎮國公蒙荒行局與盛京將軍增祺、趙爾巽之間的呈報、札飭、批示、密函等内容，鎮國公蒙荒行局與奉天省財政局、駐省總局、洮南府、鎮國公旗、郭爾羅斯輔國公前旗、鐵嶺縣、遼源州總巡吳俊升之間的往來咨移文等内容。鎮國公蒙荒行局與屬員、繩起、領户間的札飭、文告或呈請文等，以時間順序編排。主要内容是記述白城地區大安北部開發、設治、歷史沿革、政治形勢、人物、經濟、地貌、土壤、文化、民俗，與鄰旗和洮南府的關係等。也反映了日俄戰争對中國東北特别是白城地區的影響，沙皇俄國對哲里木盟的瘋狂入侵，以及陶克陶胡事件等。是研究東北民族史、東北史和白城地區歷史的第一手材料。

爲盡可能保存古籍底本原貌，本書做影印出版，因此，書中個別特定歷史背景下的作者觀點及表述内容，不代表編者的學術觀點和編纂原則。

目録

鎮國公蒙荒案卷

卷一

奏為派員勘辦扎薩克公旗荒地情形恭摺仰祈
聖鑒事竊 前以哲里木盟科爾沁扎薩克鎮國公旗荒地情願招墾請派員收價丈放並先借給銀壹萬兩以濟急需俟收有地價如數歸還各等情於光緒三十年五月二十五日具奏奉到
硃批著照所請該衙門知道欽此自應欽遵辦理查該旗荒地坐落在奉天新設遼源州東北距遼源州尚有數百餘里中隔達爾罕王廓爾羅斯公兩旗界東與扎賚特接壤西與現放之扎薩克圖荒地毗連地方荒僻又無官府管轄素為盜賊往來之所舉凡踈通道路安插舊佃招徠新戶與夫一切清丈收款各事

宜在在均關緊要非有熟悉情形之員前往辦理難
期得力茲查有花翎分省試用知府張心田前派辦
理扎薩克圖蒙荒現在調省此次荒務原係該員前
往商允即派該員爲行局總辦以資熟手現已飭令
先赴該旗將界址畫定一面派員分設局所仿照扎
薩克圖荒務章程辦理如有應行變通因時制宜之
處再行妥擬章程隨時奏
聞除分咨查照外理合恭摺具奏伏乞
皇太后
皇上聖鑒訓示謹奏
光緒三十年七月十一日具奏八月初九日奉到
硃批該衙門知道欽此

稟請領發行局關防由

總辦張　銜名謹

稟

督帥將軍麾下敬稟者竊卑府於本月二十五日奉到

憲台札委總辦札薩克鎮國公旗荒務自應即時馳往

該荒商訂一切稟明設局辦理惟查創辦伊始應即

請領關防以昭信守擬懇

憲台迅飭撰擬刊刻頒發俾卑局得以祇領及早開辦

實為公便所有請發行局木質關防緣由理合恭稟

具陳虔請

鈞安伏乞　慈鑒卑府○○謹稟

光緒三十年七月二十五日

軍督部堂增　為札發事案據該守稟以蒙委辦理

札薩克公旗荒務請發關防以昭信守等情稟請前

來當經批示候飭刊刻另行札發在案兹刊就木質

關防一顆文曰奏辦科爾沁札薩克鎮國公旗蒙荒

行局關防合行札發為此札仰該守遵即查收仍將

啓用日期具報特札

計發木質關防一顆

右札總辦札薩克蒙荒行局張守　准此

光緒三十年八月初十日

呈報開用關防日期由

全/局銜為呈報/移行事竊卑府/案照敝局於光緒三十年八月初十日

奉到

憲台/督憲札發奏辦科爾沁扎薩克鎮國公旗蒙荒行局

木質關防一顆飭將開用日期呈報等因奉此卑府/敝局遵

即祇領即於八月十一日擇吉敬謹啓用除分移/呈報外

所有接到行局關防並開用日期理合/相應備文呈報/移行為

此合呈請/移

憲台鑒核/貴局處查照施行須至呈/移者

右呈/移

軍督部堂增

扎薩克圖蒙荒省局
督轅文案處
督轅糧餉處
督轅營務處
交涉局
昌圖府
遼源州
懷德縣
奉化縣
康平縣
恒統巡
吴總巡
鎮國公旗
光緒三十年八月十一日
批據呈已悉繳

稟為懇請借撥銀款伏乞 批示由

全銜 謹

稟

督憲將軍鈞座敬稟者竊卑府現奉

憲委開辦扎薩克鎮國公旗業已面稟

憲台酌帶局中員司先赴荒段查勘一切再行稟訂章程設局開辦查此次所帶人員並開辦時各員司等均不能不先為酌發薪水以資辦公而此荒尚未收有價銀舊局之款卑府已不經手應請先仿照開辦扎薩克圖蒙荒章程或由糧餉處與省局抑或即在扎薩克圖蒙荒行局未交款內先行借撥銀八千兩

庶足敷用俟收有荒價即時歸還所有懇請借撥銀

款緣由合肅稟陳可否之處伏乞

批示遵行處請

鈞安伏乞

垂鑒卑府心。謹稟

光緒三十年七月二十五日

批據稟已悉仰即向扎薩克圖蒙荒行局借銀八千兩

以資應用一俟收款即行歸還候飭該局暨駐省總

局知照繳

呈為收訖借撥開辦經費銀八千兩呈報備案由

全局銜 為呈報移覆事 竊卑府案查敝局於光緒三十年七月二十六日稟為懇請借撥銀款藉資辦公嗣於七月二十九日奉到

憲批據稟已悉仰即向扎薩克圖蒙荒行局借銀八千兩以資應用一俟收款即行歸還候飭該局暨駐省總局知照繳等因蒙此遵由該貴局存儲荒價號商撥取瀋平銀八千兩經卑府敝局飭員如數兌收遵即撙節開支俟卑敝局收有款項趕緊歸還以清款目除移覆呈報扎薩克圖行局查照督憲備案外理合相應具文呈報移覆為此呈請合移

憲台鑒核備案貴局請煩查照施行須至呈移者

右　　移呈
軍督部堂　增
扎薩克圖蒙荒行局
光緒三十年八月十二日
批據呈已悉候飭扎薩克圖蒙荒行局知照繳
呈為交還前借扎薩克圖蒙荒行局銀八千兩伏乞憲鑒由
全銜　為呈報事竊查卑局前因開辦蒙荒需款墊
辦稟奉
憲台批飭由扎薩克圖蒙荒行局存儲款內借撥瀋
平銀八千兩當經卑局遵照具領呈報在案茲由卑局
經收荒價經費項下提瀋平銀八千兩整備文移交

總辦扎薩克圖蒙荒行局試辦洮南府設治事宜田
守鄭穀照數彈收清還前款除俟該局收訖接准移
覆再行彙總分項冊報外理合備文呈報為此呈請
憲台鑒核俯賜備案施行須至呈者

右　　呈

軍督部堂增

光緒三十一年正月十二日

批據呈已悉候飭洮南府田守核收具報並候飭駐省
總局糧餉處知照繳

呈為鎮國公旗前借扎薩克圖蒙荒行局銀壹萬兩如數交還由

全銜　為呈報事竊查卑府前在扎薩克圖蒙荒行局

差内奉
派商安出放扎薩克鎮國公旗荒務時比因該旗需
款緊急曾經卑府禀蒙
憲台批准飭由扎薩克圖蒙荒行局存儲款内先行
借撥銀壹萬兩俟荒務開辦該旗收有荒價飭由卑局
即行遵照扣還當經該旗出具印領派員如數領訖
由卑府呈報各在案茲由卑局經收該公旗應得荒價項
下劃撥瀋平銀壹萬兩備文移交總辦扎薩克圖蒙
荒行局試辦洮南府設治事宜田守鄰穀照數彈收
清還該旗借款除俟該局收訖接准移覆再行彙總
分項冊報並一面分移省局暨該公旗查照外理合

備文呈報為此呈請

憲台鑒核俯賜備案施行須至呈者

右　　呈

軍督部堂增

光緒三十一年正月十二日

批據呈已悉候飭洮南府田守核收具報並候飭駐省

總局糧餉處知照繳

呈請賞給譯員白音福五品翎札由

全銜　為呈請事竊卑府前在扎薩克圖荒次奉

憲札赴扎薩克公旗與該公商勸放地一切事宜言

語不通需帶繙譯藉通隔閡查前帶幫同譯員白音

福蒙語嫻熟該荒有成頗資其力前勞既不可泯況
後此尚有驅遣之處擬懇
憲台格外恩施賞給五品翎札以昭激勸是否有當
為此具文呈請
憲台鑒核伏乞
批示遵行須至呈者
右　　　　呈
軍督部堂增
光緒三十年八月十三日
批
呈悉白音福准如所請賞給藍翎五品功牌一張隨
批鈐發以照激勸繳

呈爲擬訂員司書差額缺並薪水車價數目請 示由

全銜 爲呈請事竊卑府 仰蒙
憲恩派充總辦鎮國公旗荒務行局開辦伊始所有局起各員司書差自應援照扎薩克圖成案稍事變通先行訂擬呈請
憲裁查扎薩克圖行局原設主稿收支清訟各一員幫稿解運各一員繪圖二員蒙文蒙語各一員稽查抽查督繩共五員辦事官二員司事六員貼書十名局差十名原設繩弓八起每起監繩一員司事一員貼書一名繩夫四名木匠一名後添繩起均係照此辦理此次通盤籌畫除局中各員有應行變通者另

文聲敘其無庸變通與繩起各員司書夫均仍照章
擬訂惟每起木匠一名月支工食八兩應即裁撤改
添局中貼書五名以資繕寫且並未溢支款項如此
一轉移間與舊案較爲核實有濟所有擬訂卑局員司
書差額缺並薪水車價數目是否有當理合繕單呈請
憲台鑒核伏乞
批示遵行須至呈者
計呈清單一份
右　　　　　　呈
軍督部堂增
光緒三十年八月十三日

謹將卑局擬訂局起員司書差額缺並薪水車價數目

繕具清單恭請

憲鑒

計開

主稿委員一員　薪水三十兩　車價三十六兩

收支委員一員　薪水三十兩　車價三十六兩

清訟委員一員　薪水三十兩　車價三十六兩

幫稿委員一員　薪水二十四兩　車價三十六兩

解運委員一員　薪水二十四兩　車價三十六兩

繪圖委員二員　薪水各二十兩　車價各三十六兩

蒙文繙譯一員　薪水二十兩　車價三十六兩

蒙語繙譯一員　薪水二十兩　車價三十六兩
辦事官二員　薪水各十五兩　車價各二十四兩
司　事六　員　薪水各十三兩　車價各十二兩
貼　書十五名　薪水各八兩　車價各九兩
局　差　十　名　薪水各四兩　津貼各四兩
監繩委員八員　薪水各廿四兩　車價各三十六兩
司　事八　名　薪水各十三兩　車價各十二兩
書手　八　名　薪水各八兩　車價各　九兩
繩夫每起四名　每夫月支工食銀七兩
心紅銀每起每月四兩
批
呈悉此次該行局所派人員應支薪水車價宜比照

扎薩克圖王旗咨部章程辦理除提調准如所請支
給外所有主稿委員每月准支薪水銀二十三兩收
支清訟幫稿解運繪圖蒙文蒙語管票差遣監繩各
委員名目核與前次名目雖有不同而開支未便歧
異致干部駁以上各項委員每月均准支薪水銀二
十兩至車價照報部章程僅止三十兩惟現在車價
昂貴異常准照三十六兩開支以示體恤其餘辦事
官司書局差繩夫辦公等項所差無多一併如請照
支候飭省局知照繳單存

呈擬另設提調管票並變通額缺應支薪水車價請示由

全銜　為呈請事竊卑局開辦鎮國公旗荒務所有

局起各員司書差額缺並薪水車價數目業經擬請
憲訂惟查扎薩克圖舊局原未設有提調後經卑局
稟蒙
憲准以主稿改充提調幫稿改充主稿皆支原訂薪水車價不另加添此次荒段雖較扎薩克圖稍狹然開辦伊始事仍繁劇且該處又較扎薩克圖道里稍遠需員分理擬懇
憲裁另設提調一員支薪水四拾兩車價三十六兩至稽查抽查督繩五員擬改為管票委員一員以昭慎重改為差遣四員以便呼應查原設稽查抽查三員每員月支薪水五十六兩督繩二員每員月支薪

水車價六十兩此次擬改之管票差遣即令均各一
律月支薪水二十兩車價三十六兩如此變通於公
事似不無裨益是否有當理合繕單呈請
憲台鑒核伏乞
批示遵行須至呈者
計呈清單壹份
右　　　　呈
軍督部堂增
謹將卑局擬請提調管票並變通差遣額缺暨薪水
車價數目繕具清單呈請
憲鑒

計開

提調一員　薪水四拾兩　車價三十六兩

管票委員一員　薪水二拾兩　車價三十六兩

差遣委員四員　薪水各廿兩　車價各三十六兩

光緒三十年八月十三日

批呈悉准如所擬辦理候飭省局知照繳單存

呈為請委各員仰懇　迅賜札派由

全銜　為呈請事竊卑局恭奉

鈞札派辦札薩克鎮國公　旗荒務業將員司等額缺

薪水車價分繕清單稟邀

憲鑒在案現當勘辦在邇局務紛繁所需各員仰懇

憲恩迅賜札委以資辦公除辦事官及司書等容由卑局

札委再行呈請立案外理合將請委各員銜名繕單

呈請

憲台鑒核施行須至呈者

右　　呈

軍　督　部　堂　增

謹將卑局擬請 札派局起各員職銜姓名繕具清單恭呈

憲鑒

計開局中各員

候選通判 鍾祺 擬請仍派提調

儘先選用府經歷 劉作璧 擬請仍派主稿

候選府經歷 遲熙盛 前監繩委員擬請改派收支

候選府經歷 錫壽 前解運委員擬請提派清訟

候選縣丞 林豐 擬請派幫稿

分省補用知縣 謝漢章 前辦事官擬請提派解運

歷經歷銜 熊贊堯 擬請仍派繪圖

候選訓導 孟松橋 擬請 派繪圖

委用筆帖式文亨 擬請仍派蒙文繙譯

府經歷銜靖兆鳳 擬請仍派蒙語繙譯

候選府經歷郭桂五 前局司事擬請提派管票

候補驍騎校榮斌 前局督繩擬請改派差遣

委前鋒校舒秀 前局監繩擬請改派差遣

分省補用知縣鄭爾純 前局稽查擬請改派差遣

縣丞職銜高凌奎 前局司事擬請提派差遣

計開繩弓各員

補用防禦成友直 擬請派頭起監繩

候選通判路啓新 擬請派二起監繩

候補驍騎校盛文 擬請仍派三起監繩

候選府經歷張全祺擬請派四起監繩
候選府經歷查富舉擬請派五起監繩
候選知縣王圻鎮擬請派六起監繩
前密雲縣駐防防禦連魁擬請派七起監繩
分省試用府經歷趙韞璞擬請派八起監繩
以上局起共二十三員
光緒三十年八月二十七日
批據呈已悉候分別札飭各委員遵照繳單存

為嚴禁關防告示

總辦銜　為剴切曉諭事照得本總辦現奉
軍督憲　奏派總辦科爾沁扎薩克鎮國公旗蒙荒
事務先在洮南府本街設立行局定期招墾一切悉
秉大公惟事關重要開辦伊始首宜嚴緊關防所有
本總辦隨帶員司人等俱係由官派定仍由本總辦
時加約束嚴密關防決不敢出外與人交通此外並
無隨從親友及一切私人在外招搖撞騙欺弄鄉愚
如有不肖之徒假託本總辦至戚厚友跟隨家丁或
冒充本局員司並揑稱與本局暨公旗素有交往託
其關說代辦可以隨便揀佔指領膏腴格外扣成多

得晌數甚或假稱由本局包段藉以騙財謬説興起員通融賄行繩弓種種惡端殊堪痛恨除由本局派員嚴密查拏外合亟出示曉諭為此示仰蒙民人等一體知悉如遇有以上各等奸徒准其扭送來局或赴局稟報以便立即指拏按法重懲倘爾蒙民人等希圖取巧私行賄囑甘心受其愚蒙一經查出亦定照予受同科之例嚴行懲辦本總辦渥受

憲恩總司全局誓欲弊絶風清以抒素志此次言出法隨決無遷就爾蒙民人等其各懍遵勿違特示

右仰通知

光緒三十年十月十五日

移請出示保護商號存款由

局衙　為移請事案照敝局前奉
督憲　奏派總辦科爾沁扎薩克鎮國公旗蒙荒事
務業將在
貴治洮南府設局開辦收價招墾各情形呈奉
督憲批准在案查敝局經收荒價銀兩成色既有高
低真假尤須切辦特約豫順亨銀號商人代為驗看
銀色滙兑商票且不時寄存款項現因敝局房間狹
仄暫庽於本街天寶德院内惟本街蒙民雜處良莠
不齊公款關係緊要自當先事防維應請
貴府出示曉諭一應商民與閑雜人等無故不得任

意出入及有藉端滋擾情事並請傳飭
貴屬巡隊暨差役人等一體妥爲保護以昭慎重而
免疎虞實爲公便相應備文移請
貴府敬煩查照施行須至移者
右　　　　　　移
試辦洮南府設治事宜候補府正堂
光緒三十年十二月二十三日

呈爲卑府到洮南府設局並赴荒商辦日期伏乞　憲鑒由

全銜　爲呈報事竊卑府前在遼源州業將起程赴荒日期呈報在案現於十月初九日業經帶同局起各員司等行抵洮南府旋據田守鄉穀以該處苦無堪作公所之處再四相商卑府隨將前荒務局房讓給居住另在該處租賃平房二十間設立行局擬於十五日帶領員司等數人馳赴扎薩克公旗妥商辦理一切并周履巡視荒段劃分邊界踏勘城基一俟商辦妥協再行詳訂章程呈請

憲核所有卑府抵局赴荒日期除移行省局查照外理合備文呈請

憲台鑒核伏乞

批示施行須至呈者

右　　呈

軍督部堂增

光緒三十年十月十七日

批據呈已悉仰即迅速履勘剋日開辦毋再遲延候飭

省局知照繳

呈為差遣委員鄭爾純懇將異常保舉改為留奉由

全銜　為呈請事竊據卑局差遣委員在任升用直隸州知州分省補用知縣鄭爾純稟稱竊委員前奉派充扎薩克圖蒙荒行局稽查委員供差以來仰承鞭策勉効駑鈍兩年於茲幸得蕆事乃蒙徵勞畢錄准附異常案內　請列薦章循省滋慚復曷希冀惟念委員十餘年來歷在軍機處會典館供差洊保今職尚無一定省分而親老家貧祿養弗逮内省每為多疚是以不揣冒昧擬請將異常保案改為留奉懇

恩轉詳

督憲俯蒙仰邀批准則此後服官之日即戴德之年

等情據此理合據情轉請為此呈請

憲台鑒核伏乞

批示施行須至呈者

右　　呈

軍　督　部　堂　增

光緒三十年十月十九日

批呈悉仰候

奏留人員時酌核辦理並候飭省局知照繳

呈為懇銷委員查辦字様並請免銷保案改委司事以策後效由

全銜　為呈請事竊查卑府前在扎薩克圖荒務差内所有九起監繩委員佐東都十起監繩委員蕭齊賢丈放荒段頗能勞怨不辭甚資得力嗣因藩情刁悍故肆鼓簧以捕風捉影之談竟致稟請撤差查辦銷去保案現在扎薩克公旗荒務又將開辦在在需員

擬懇

憲台格外恩施准予銷去查辦字様並請免銷保案由卑府改委局中司事以資熟手而策後效卑府係為得人起見是否有當為此具文呈請

憲台鑒核伏乞

批示遵行須至呈者

右　　　　呈

軍督部堂增

光緒三十年八月十九日

呈為擬派額外委員懇請　堂札由

全銜　為呈請事竊卑局開辦扎薩克公旗蒙荒開辦伊始頭緒紛繁雖有額委各員尚覺不敷應用查有揀選知縣邵建中前在扎薩克圖行局充當辦事官頗資得力補用防禦成山算法嫻熟當差年久二員均隨卑局已到荒所充差係由卑局在原訂貼書額內飭領貼書薪水車價擬懇

憲台俯念荒務需人可否就原支薪水賞派額外委
員如蒙
允准並求
迅賜札委以專責成是否有當理合備文呈請
憲台鑒核伏乞
批示遵行須至呈者
右　呈
軍督部堂增
光緒三十年十一月初九日
批呈悉准如所請候札委該員等遵照並候飭駐省總
局知照繳

呈為擬將司事丁夢武派為行局駐鄭委員請　札由

全銜　為呈請事竊卑局此次開辦公旗荒務局所仍經設在洮南府衙與省垣相距千有餘里一切往來公牘由撥遞鄭由鄭遞省非駐鄭有人承轉難期妥速且各起應用丈地繩弓等物亦須由鄭採買轉運到荒俾資應用查有卑局司事府經歷銜丁夢武前在札薩克圖行局隨同提調鍾祺辦理此差毫無遺誤今卑局又經開辦現擬仍派該司事在遼源州承轉公文採買丈地物件以資熟手懇祈

憲台格外恩施可否將該司事丁夢武

賞派卑局駐鄭委員藉昭慎重而期呼應靈通至應

領薪水車價擬仍照司事原定數目開支以節經費
如蒙
俯允並請
迅賜札委以專責成是否可行理合備文呈請
憲台鑒核伏乞
批示遵行須至呈者
右　　　　　　　　　　呈
軍　督　部　堂　增
光　緒　三　十　年　十　一　月　初　九　日
批呈悉准如所請候札委該員遵照並候飭駐省總局
知照繳

呈為行局所賃各房租價銀兩數目懇請備案由

全銜 為呈報事竊卑局開辦公旗荒務係租賃民房設立局所業經另文呈報在案查行局賃房二十間每月租價銀三十兩整奉撥巡捕隊一哨賃房七間每月租價銀拾兩零五錢謹查扎薩克圖房租成案係按月支銷彙總冊報卑局此次所賃房間自應援照辦理除請續募之蒙民兩項兵勇八十名如蒙憲恩允准仍應另賃民房居住再行呈報外理合具文呈報為此呈請

憲台鑒核伏乞

照呈俯賜備案施行須至呈者

右　　　　呈

軍督部堂增

光緒三十年十一月初十日

批如呈備案候飭省局知照繳

呈為修補房間添置器具支用銀兩冊報請　核由

全衙　為呈報事竊卑局於光緒三十年八月奉

札勘辦公旗蒙荒本擬借居扎薩克圖行局藉期節

省經費嗣經試辦洮南府設治事宜田守鄉穀面商

作為設治辦公之所前經呈報在案卑局遂於該府

街內另賃民房二十間設立行局並租平房七間住

巡捕隊惟所賃之房修築甫竣粗具規模門窗戶壁

皆須添補所有此次收拾房間及開局添置鋪墊各
起置買大地器具除舊局原有鋪墊木器等物不計
外一切支用過銀兩實在數目除移行總局查照外
理合造具詳細清冊呈請
憲台鑒核伏乞
俯賜備案施行須至呈者
右　　　　　　　　　　　　　　　呈
軍　督　部　堂　增
光　緒　三　十　年　十　一　月　初　九　日
批
如呈備案候飭省局知照繳

呈爲續添繩弓四起置買器具支用銀兩造冊請核由

全銜　爲呈報事竊卑局前經稟請續添繩弓四起

以及購備丈地器具前後呈蒙

憲台允准在案其所需丈地器具四分已於赴段時

一律購齊以資應用今將買置該四起丈地器具支

用過銀兩數目造具詳晰清冊除移總局查照外理

合備文呈報爲此呈請

憲台鑒核備案施行須至呈者

右　　　　　　呈

計清冊壹分

軍督部堂增

光緒三十一年四月二十日

局銜　為造報事謹將卑局續添繩弓四起置備丈地器具支用銀兩數目造具清冊呈請
憲核備案須至冊者

計開

一步弓四個每個價銀四錢四分共合銀壹兩柒錢陸分
一血蔴繩八条每条價銀叁兩共合銀二拾四兩
一尺杆四個每個價銀二錢一分共合銀八錢四分
一旗丈四十八根每根價銀九錢共合銀四拾三兩二錢
一旗杆四十八根每根價銀三錢共合銀拾四兩四錢
一作標樁椽子五十根每根價銀八錢共合銀四拾兩
一鉄鍬八把每把價銀六錢二分共合銀四兩九錢六分

一鉄鋯四把每把價銀二兩七錢共合銀拾兩零八錢
一鉄斧四把每把價銀六錢八分共合銀二兩七錢二分
一鉄鋸四条每条價銀三兩九錢共合銀拾五兩六錢
一鉄錘四個每個價銀三兩八錢共合銀拾五兩二錢
一鉄钁八個每個價銀二兩三錢共合銀拾八兩四錢
一旗子紅布八十八尺每尺價銀九分一厘共合銀八兩零零八厘
一算盤四架每架價銀八錢共合銀三兩二錢
一印色盒四個每個價銀四錢共合銀壹兩六錢
一寫公事棹四張每張價銀三兩二錢共合銀拾二兩八錢
一日晷四個每個價銀二錢共合銀八錢
以上共支銀二百一拾八兩二錢八分八厘

為現勘荒界並籌商展放情形先行陳請　憲鑒由

全銜　謹

稟

督憲將軍鈞座前敬稟者竊卑府前於十月十五日前往
扎薩克公旗履勘荒段商訂出放章程業經呈報在
案即於十六日馳抵該旗適值該鎮國公有疾遂與
該旗印軍等商議應放界址並設法勸諭展放沿河
南北荒地經該印軍等代述該公之意請先勘訂南
段等次卑府當於十七日派員分赴東西南三路勘
驗卑府親往河北並東界周歷巡視勘得南段地多
沙城與扎薩克圖之三等荒無異擬仿扎薩克圖章

程普訂每晌價銀一兩四錢商之該旗當經概允照辦至沿河之地展放一節疊經卑府反覆磋商該旗終以公府廟宇園寢在內縱然留界究多窒礙以此遲疑不決僅於應放界限以外在東北隅寬長約二三十里應許展放一段卑府素悉蒙人情形不便急於相就當告以暫且先行丈放南段其北段容俟再議蓋預留地步徐俟其自相轉環卑府遂於二十八日返局正在酌擬章程並飭各起趕緊赴荒勘丈大段間旋有扎薩克圖王旗台吉繃蘇克巴勒珠爾謁見具道其因感激卑府相待恩義故聞此次在公旗商展沿河地段特至公旗面見該印軍等述說卑府之

為人行事若何前在本旗放荒之公正若何力陳沿河之荒不能不開之故切實開導攛掇該印軍等俱已醒悟擬即稟商該公請卑府重往該旗再行商辦等語卑府查沿河南北可放之地據該旗稱約計東西七八十里南北二三十里土性膏腴前與該旗曾經議擬較之扎薩克圖上等之荒可得倍價即每晌作價銀四兩四錢亦易出售統計北段大約荒價可以收銀三十餘萬兩若請照二成隨收經費則經費亦可收銀六萬餘兩當此帑項支絀之際得此鉅款實於公家不無小補卑府忝司荒務仰體時艱但有可集之款自當竭力圖維多方設法使之入我轂中

今經　畀府商之於前鵬台吉慫恿於後該旗意念已動既有欲展放此段之機畀　府再四籌思與其遽然相就莫若使其自來俾期堅其信心再乘機利導一經著手則迎刃而解事期有成現擬飭派差遣委員榮斌督同各起先行開赴該公府聚齊藉請派領界蒙員之際畀　府稍候數日待其派員來請即當迅速前往如果商議妥協即派各起將沿河南北應放之荒段界限丈清圈出倘北段展放無成便飭繩弓仍丈南界大段此畀　府現勘荒界籌商展放北段之實在情形也惟是刻間既有展放北段之望則一切出放章程均須暫且稍候俟將荒地局勢定準再行訂

擬方為穩妥是以懇乞
憲台垂鑒前情暫緩時日俾得從容展布放手辦事卑府
渥荷
憲台特達之知迭蒙委以艱務重任卑府具有天良凡
力所能為者自當殫竭血誠盡心圖報以期多集款
項聊酬
憲台高厚恩遇於萬一所有卑府現勘荒界籌商展放
北段緣由理合先行陳明仰慰
慈廑一俟商訂如能妥協當即赶緊呈報肅稟恭請
鈞安伏乞
垂鑒卑府心。謹稟
光緒三十年十一月初三日

批

據稟已悉查鎮國公應放荒地南段寬長各百里業經奏明在案茲據稟稱查勘南段地多沙堿與扎薩克圖之三等荒無異擬仿扎薩克圖章程普定每晌價銀一兩四錢該旗業經應允等語惟此段荒地究竟寬長若干里未據聲明無從查核續添東北隅寬長二三十里按圖應即東至扎賚特西至兩家子南至戓申屯太平窩棚北至洮兒河一段該地土脈若何應列幾等亦未聲敘至洮兒河沿河南北可放之地據稱東西七八十里南北二三十里自係原奏南段以外之地現既勘明土多膏腴較之扎薩克圖工等之荒可得倍價每晌作價四兩四錢亦易出售既

經該守商之於前綳台吉從恿於後該旂意念已動自應迎其機而導之以期就我範圍現在已否商妥一切出放章程曾否議定仰即分別具覆以憑核奪當此時艱餉絀尚望該守等勤奮圖功早日集事以濟急需切切仍候省局知照繳圖存

呈為續商展放沿河南岸荒地懇乞 奏請招墾由

全銜 為呈請事竊卑府前赴扎薩克公旗復商展放沿河腴地一切情形曾經稟報在案旋於十一月十二日馳抵該旗與該公晤面經卑府以方今時勢艱難該旗生計困苦各情反復切商該公亦頗開悟惟以衆台壯等陳請本旗地段本狹若展放河北恐

於旗衆游牧有碍且河南尚留公府附近一帶亦嫌夾雜莫若接連展拓儘洮河以南之荒全數出放較為兩便卑府查河北既難出放若添至河南岸異日安官尚屬整齊遂與該旗議明就河定界該公明歲情願遷移現計所添之段東西長約百里南北寬三十里可以訂為上中兩等約計可多收荒價二十餘萬兩且與該公商允此項荒價亦照下等對半均分似於籌款不無小補茲經該公出具印文請即代為
呈懇
憲台核奏前來除移行省局查照外理合備文具呈
為此呈請

憲台鑒核伏乞
照呈施行須至呈者
右　　呈
軍督部堂增
光緒三十年十二月初八日
批據呈已悉仰候　奏咨立案繳

附稟續商展放情形由

敬再密稟者竊卑府前在省垣呈遞節略內有該公
旗沿河兩岸之荒亦有臨時酌量撥放之議一節蒙
憲台批示有總須切商之諭卑府回局後即遵赴該旗詳
加開導該旗僅允添東北一隅卑府當時辭以為數

過少不便復奏且告以現有部文來問百里寬長得地若干應先報部擬調繩弓先丈量大界卑府之意蓋以原指百里此外荒務局並不定欲多放復蹈扎薩克圖爭界之嫌然第項奇絀又不能不格外生方令可多集款項故又告以如沙城太多雖有四十五萬毛荒恐升科地數無多於　國與該旗均無裨益不能不以部文相要以便令其補地卑府回局後即飭繩弓前往丈界該旗因有朋印軍勸諭各節復將繩弓遲延派人迎請卑府往議業經前次稟明在案茲於十一月十一日重赴該旗十二日與該公會面察其人雖忠厚不能自理事權經卑府再四導以出

放好地多有報効既於顏面有光且貴旗亦可豐富並非荒務局執意相爭等語該公似有領悟允為詳商詎有梅勒蘇克得從中播弄請先用銀二萬兩荒地仍添東北一隅當經嚴駁未允該公不得已又遲三四日始擬傳集台壯詢問願否盡出河北當時紛如聚訟迄無成議該公愈無主宰其兩印軍雖有相成之意亦未敢太形顯露維時卑府即催令派人會勘大界不能再候且親赴南界踏訂城基瀕行時告以南界如丈不足百里或沙城太大回時即呈省請示沿河私佃儘多應否一併丈量出放等語二十四日卑府自南段回至公府時丈界委員前後呈報大

致里數四面核計僅足四十二三萬晌而沙堿居半當催該旗應如何定議立待報省該旗因聞卑府欲將私佃和盤托出且用銀又甚緊急始變爲改添沿河以南全數出放明年還移公府北去並請先借銀八千兩卑府當時慨允事已就緒矣忽於二十八日夜該旗烏印軍到寓面言該公福晉不欲還移非予現銀四十錠決不挪動卑府且哂且駭以爲此係公事如何竟辦成私事衷懷躊躇委難決斷然不如此竟不能成且分款一節尚未定議其公與印軍等均請照扎薩克圖成案 國家每等止分七錢餘者盡歸該旗立論甚堅卑府屢加駁斥並未少變遂答以

分款一節貴福晉與兩印軍如能相助俾　國家
藉此多得此事可允千金烏印軍往返密商始定為
各等荒價無論所加多寡均係對分惟於　國家
應得之中提銀一萬五千兩作為該印軍等辦公之
用其福晉一節以寶銀二十五錠酬之約近一千三百兩
卑府通盤核計此舉既成約多進正款銀二十餘萬
兩經費又四五萬兩　國家對分荒價所得亦十
餘萬兩去提撥該印軍外為數尚鉅當此需款萬緊
之時
憲慮焦勞苟有可籌之地卑府受
恩深重自應百計圖維惟此等辦法如何形諸公牘應請

憲台准於經費項下動用並作應酬該公開除再卑府
由省馳赴該旗曾送該公禮物其水禮等件均可由
按月酬酢款内攤報惟内有貂褂一身價銀四百兩
為數較多無處籌補可否准由經費項下一併開銷
伏候
憲裁至該印軍之一萬五千金業經另稟請
示並為該夾杆尺等請將該旗所得庫平均勻分劈亦請
鈞示卑府辦理蒙荒雖扎薩克圖王之狡展異常從無
憚其艱苦此次剛柔互用真屬舌敝唇焦一困再困
幸瀕行時合旗上下均又彼此慰藉毫無隔膜仰托
憲蔭事尚得成今冬雖為時勢所牽未丈多地然買戶

尚不甚少尚有可解之款尚擬竭力措解以紓
憲廑謹肅密稟再叩
鈞安伏乞
垂鑒畀府心。謹密稟
光緒三十年十二月初九日

呈為繩起月支心紅等項懇請備案由

全銜　為呈請事竊卑局奉
飭開辦公旗荒務除行局心紅局費等項已援案另
文呈請
憲鑒外至繩起每月心紅銀四兩繩夫每名辛工銀
七兩前經繕單呈核旋奉
批准在案現在各起已飭赴段自應遵照飭領查札
薩克圖成案此二項均於起員赴段時起支停繩回
局即行截止此次亦應援照辦理以節糜費除移總
局查照外理合備文呈請
憲台鑒核備案施行須至呈者

右　　　　　　　　　　呈

軍督部堂增

光緒三十年十一月十六日

批呈悉准其照案支領遇停繩時即行停止以節糜費

候飭省局知照繳

呈為援案分别停止局起各員司等薪水車價請示由

全銜　為呈請事竊查扎薩克圖蒙荒章程停繩之

際由封印至開印一個月各起條薪水車價並停行

局内各員司等係照常仍發薪水僅停支車價歷經

該局遵辦在案兹卑局於十二月初五日業經一律

停繩所有停繩期内八起監繩委員暨隨繩司書等

自應援照成案辦理擬請由封印至開印停發薪水
車價一個月局内各委員司書等依然在局照常辦
公擬請由封印至開印一個月僅停發車價仍支領
薪水是否之處出自
鴻施理合備文呈請
憲台鑒核伏乞
批示遵行須至呈者
右　　呈
軍督部堂增
光緒三十年十二月初十日
批據呈已悉候飭省局知照繳

稟為請將提調賞加會辦名目伏乞　示遵由

全銜　謹稟

督憲將軍鈞座前敬稟者竊卑府現定於二月二十八日督率各起赴段開繩所有卑局之事亦不可無人主持查卑局提調鍾祺穩練（慎）細密於荒務頗有歷練情形均甚熟悉擬將該員留在卑局經理一切惟人員衆多公事緊要且時有與洮南府交涉事件其提調一差雖可辦理一切究屬稍差分寸呼應恐有不靈可否仰懇

憲恩請將該員

賞加會辦名目以昭鄭重而裨全局其薪水仍照提調

原數開支以節公款如蒙
俯允並請
賞發委札俾專責成是否有當理合肅稟陳請伏乞
憲鑒批示遵行卑府沁。謹稟
光緒三十一年十二月二十七日
批據稟請將提調鍾祺加派會辦名目應即照准候札
委該員遵照並飭省局知照繳

移為提調加派會辦由

局銜　為移行事案照敝局茲奉
督憲札飭內開查有科爾沁扎薩克鎮國公旗蒙荒
行局提調候選通判鍾倅祺堪以派為行局會辦等

因蒙此相應備文移行
貴府州縣請煩
查照施行須至呈者
右　　　移
遠源州正堂蔣
洮南府正堂田
開通縣正堂王
靖安縣正堂張
光緒三十一年四月初六日

札為部咨公旗借銀應由雜款動撥暨寬長百里得地若干查覆由
軍督部堂增　為札飭事案准
户部咨開山東司案呈内閣抄出
盛京將軍增　奏蒙旗荒地情願招墾派員收價丈放
一摺光緒三十年六月初五日奉
硃批著照所請該衙門知道欽此欽遵到部相應恭錄咨行
盛京將軍遵照惟據原奏内稱哲里木盟科爾沁扎薩
克鎮國公旗地段頗堪招墾擬將本旗南段一帶荒
地寬長百里收價招墾並以該旗現有辦公急需懇
先借銀壹萬兩俟收有地價即在該旗應得正款項
下扣還派員設局妥擬章程前往開辦等語查該旗

懇借辦公銀兩應令在雜款項下暫行撥借不得擅
動正款其所放荒地僅稱寬長百里雖不能指其確
數而大略得地若干晌應令先行查明聲覆至按晌
收價設局派員如何妥擬章程並令詳細報部等因
准此除分札外合行札仰該局遵照辦理特札

右札蒙荒行局准此

光緒三十年十月初三日

呈為遵飭聲明部指各節伏乞　鑒核咨覆由

全銜　為呈覆事竊於光緒三十年十月二十六日奉

憲台札開除原文省繁邀免全錄外所有接准

户部咨開

盛京將軍增　奏勘辦扎薩克鎮國公旗荒地一摺欽奉

硃批欽遵恭錄咨　行並令查明聲覆各節飭局遵照辦理

等因奉此謹按　部咨首開該旗懇借辦公銀兩應

由雜款項下暫行借撥不得擅動正款一節查該公

旗前借辦公銀壹萬兩雖係由扎薩克圖蒙荒行局

荒價項下借撥已於本年正月由卑局經收該公旗應

得荒價項下　如數扣還歸款前已呈報在案矣又

部咨内開該公旗所放荒地僅稱寬長百里雖不能指其確數而大略得地若干晌一節查該旗原許寬長百里以二八八行弓計之即係毛荒四拾五萬晌現經該旗派員指領應放荒段邊界周履勘驗共計寬長尚不足百里其確數雖難遽定然沙城併計大約可得毛荒四拾萬晌之外至設局派員妥擬章程各節業經先後稟奉

憲台批准各在案自應恭候　奏咨辦理無須再事復陳以省繁牘所有遵查部指各節理合據實聲覆為此呈請

憲台鑒核咨覆施行須至呈者

右　　　呈

軍督部堂增

光緒三十一年二月十九日

為會稟股匪碍難招撫情形由

敬稟者竊卑府等前在省垣九月初一

會銜蔣田張

日奉到

憲台札開據蒙荒總辦雙道綸稟稱盜首純字雙如意等悔罪乞降代為請命因該匪等法雖難貸情實堪憐如果真能痛改前非未始不可網開一面飭由卑府心招撫百名卑府鄉穀並兩縣招撫一百五拾名等因奉此遵即分頒告示派弁先行出省招撫去後卑府等亦即陸續束裝就道因道路泥濘於九月十八九日先後行抵遼源州據卑府心。前派差弁李廣才司事丁夢武以奉派前往雙如意等一股於九月十一日在哈把山東小孤家子地方與匪首大如意即王殿元兩次會面據稱雙如意因隨　往攻鐵路被炸藥傷損脛骨現未醫痊不能會面伊與雙如意既係同夥自能主張百人投降之事該去弁等當即與約在哈把山靜候區示等情稟覆前來卑府薌轂前派往招大洛疙疸等之哨官徐海亭尚未回歸正在飛催候商間卑府等同卑職文熙均奉

憲台札開據營務處呈准恆統巡玉轉據懷德總巡王兆桐密報雙如意等嘯聚多人假言投降日本心懷叵測並據卑職文熙稟稱各匪聚黨三百餘人投降日本欲進州街等情令即查明究竟是否屬實抑係假以

降日為名以及現在情形如何飛速具報等因復經
會同確查適有日本將弁米得俊帶同兵丁六人至
州街住宿面見總巡吳俊陞聲稱前次日官松得祿
高如龍等已將雙如意純字等招安何以官兵又往
剿捕致該匪等被兵擊散無處尋覓等語經吳總巡
告以該匪等既係投降仍然捐搶是以不得不加剿
捕以靖地方該日弁亦無他辭仍往東路尋覓衆匪
去訖卑府等查得雙如意一股雖經允有百人來降
然既攻毀鐵道則俄人之恨愈深日人索之益切事
關兩國交涉已難率行招收況雙如意傷痕聞係甚
重未知能否痊愈當丁夢武等往見時大如意問告

示無伊名即揚言雙如意原係伊馬夫此刻出頭在伊之上不能甘心並聞該匪首仍有搶拉馬匹情事即勉强同收終難相下此則雙如意大如意二股之難招也至大洛疙疸等股因徐哨官迄未回歸迭經卑府鄉毅派差查催旋據去勇謝玉等回稟大洛疙疸等股約有一百五六拾人已至遼源州東十五里之巖家崴子請卑府發給號衣穿用再往東路一帶將為匪時所捐穿之銀錢逐一取出始可到官來降並稱該匪股於二十四日在榛柴崗被俄兵痛擊傷亡數名俄人亦陣亡二名尚在尾追該匪等尚帶有綁票數人現已逼近州街等語卑府等查該匪等本非被

擊無路窮蹙乞降者比種種情形非悔過投誠已可概見加以日人招撫每月給銀拾三兩雖後此之真得與否尚不可然該匪等卻為所愚況大如意一股要挾槍械之作價大洛疙瘩等股頭目繁多人人欲為營哨等官昏愚萬分無理取鬧竟不知投降為何事而俄兵卻覓之甚急與其敷衍收撫致貽伊戚何如認真剿捕以免後患除商令吳總巡俊陞督隊進剿一面迅由卑職文熙調集民會防堵署街並會函飛告恆統巡玉出隊兜拿外所有股匪礙難招撫暨現在

情形理合會稟

督憲查核再領發告示僅止卑府鄉毅發交徐海亭張貼三

張餘俱封存合併聲明專此肅稟虔請

勛安伏乞

慈鑒卑府心鄉職文〇〇〇謹稟

光緒三十年九月二十六日

稟為進剿股匪情形並請領子母由

會衔　敬稟者竊因匪首大洛疙疸等逼近州街勢難招撫亟應整隊進剿業將各情會稟在案茲准吳總巡俊陞文稱本月二十五日酉刻總巡帶隊迎剿即晚至蒿力寶河沿遇賊衝擊一時許賊向東北逃竄連夜追勦五十餘里至白音保頭賊匪闖入固窑憑險不出總巡督隊露宿環圍黎明竭力攻擊賊即一擁而出奔竄至趕九地方進街死拒槍彈如雨總巡右耳後項脖迭被槍子擊透兩處騎馬亦被擊斃馬兵劉秉順左手張振邦右臂均被擊透出另斃戰馬四匹擊斃賊匪三名並擊傷多人計自辰刻至午

鏖戰兩時之久賊始不支潰竄總巡裹創追擊二十餘里得獲洋炮一桿賊馬三匹騾兩頭被綁人票三名奈因各哨子母告盡未便徒手窮追只有撤隊已於二十六日戌刻旋防理合咨請轉報等情准此卑府等立即會同詣營親視該總巡雖受重透傷尚能行動酬應傷痕可保無虞聲稱日間如有子母勢能一氣剿滅各兵照章領用實不足以逞其技深慮將來臨敵徒蹈僨事之咎卑府等告以子母一節業經具文稟請飭發並請准于隨用隨報該總巡聽聞之下痛楚頓忘倡言果蒙寬予軍火何慮亂輩猖獗定當掃盡醜類以盡厥職並據各官弁同聲唱喏如子母應用撙不

興此賊並立斯土卑府等查該總巡倉卒聞警黑夜出
隊僅一夜一早之間迭與鏖戰雖身受重傷猶復進
剿至百數十里傷斃賊匪多人得獲槍馬等件是其
能制賊之命已屬顯然惟詢據同稱每戰皆困限于
公令不敢多費軍火往往致賊倖逃誠為可惜合再
據情瀝陳專弁飛稟
憲台查核迅將前請子母如數隨批發交去弁領回以
濟急需卑府等荒務地方均須鄰境安謐道路無阻
始能暢辦係為大局起見故敢合辭稟請再現因賊
匪尚未北路未能即日前進稍遲設法啓行合併聲
明肅此具稟敬請

勛安伏乞
垂鑒卑職府　謹稟
右會稟
軍將增
撫尹廷
光緒三十年九月二十六日
敬再密稟者查股匪大洛疙疸等悔罪輸誠係出該
弁徐海亭一面之詞究竟現在有無捐擄要挾能否
就範不得而知倘該股匪等果能傾心投降誠如
憲批何可不寬其既往即予點驗收伍分派駐紮責令
立功自贖以清地面豈非甚善但卑府體查情形細心

籌酌其中實有為難之處不得不密為
憲台披瀝陳之查該股匪等此次投誠本非被擊無路
窮蹙乞降者可比不過其財已足冀脫賊名耳前次
種種要挾實非悔過投降已可概見其狼子野心反
覆無常設或稍不如意仍舊出而為匪雙如意即殷
鑒也此難撫者一也此間蒙戶前被該股匪等擾害
甚深卑府到差之初曾有蒙人郝立海等三十餘名
呈請甘願自備槍馬當兵擊賊接見蒙團之時亦有
與賊勢誓不兩立之言以是而論則蒙戶受恨已深畏
賊如虎斷非片言可解即或勉強開導招匪入境彼
此各不相安積怨一深釀禍即烈有失

朝廷綏靖邊荒之至意此難撫者二也此項股匪平日捐
槍營生得財甚易將來受撫歸伍之後去財亦易一
且其財用盡所後餉銀無幾何足供其揮霍難保不
為馮婦且聚一百六七十人罔命之徒無伍隊以制
服之亦實在可慮此難撫者三也有此三難與其敷
衍收撫致貽伊戚何如認真勦捕以免後患雖然難
撫之中尚有可撫之道如經卑府訪查明確該股匪
等現在實無捐槍真心悔過乞降即准自新但須諭
以爾等投降者係為保全首領既已准降則槍械子
彈無所用矣即令如數交出為兵為民惟我所欲聽
候零星安插不致聚而為患該股匪等果能俯首受

命豈不幸甚倘敢抗違則恃槍械爲護符其非悔罪
輸誠不待言而後知應請
飭令各處巡隊合力兜剿一洗醜類以儆效尤卑府愚
昧之見是否有當伏候
採擇施行肅此密稟敬請
勛安伏乞
垂鑒卑府蕭穀謹再稟
批
稟悉查此項降隊前據劉令福陞來省面稟謂其實
係真心就撫當經批准招撫馬隊二百名即交劉令
管帶並歸北路恆統巡節制駐紮巴彥昭以南作爲
洮南遼源驛路一帶巡警隊責令拏賊自効以贖前

愆蓋自古無終棄之人既已悔罪輸誠又何不准予自新網開一面況當戰國軍事逼近各屬捕務每多掣肘無論遷延日久地方被擾日甚萬一事出意外有碍中立屆時滋生枝節咎將誰歸茲據稟稱既准投降應諭令投繳槍械聽候零星安插倘敢抗違請飭合力兜剿等語所論非不甚壯第未審該守有無把握如該守能以收槍剿洗即責成該守妥為辦理以淨根株但不得徒託空言貽害地方仰再隨時詳細訪查現在該隊自從收撫以後究竟有無不法情事果應如何辦法迅即稟覆以憑核奪並仍候撫尹堂批示繳

稟為擬定赴荒日期並置買槍藥等情由

全銜　謹

稟

督憲將軍座前敬稟者竊卑府前奉

札飭查明雙如意等股匪現在情形並將招撫未就一

意主劉等情業已會同試辦洮南府田守鄰穀稟覆

在案茲據探悉匪首大洛疙瘩等股衆昨經吳總巡

俊陞一鼓劉退近復嘯聚在哈巴山一帶擁阻赴洮道路

田守鄰穀聞警預備即在鄭街定造大洋抬槍十五

桿藉資捍衛並會同卑府併起赴荒當即擬定十月

初三四兩日陸續啟行查鄭屯距洮南五六百里卑局

局起員司書役人等不下百餘名行李輜重約須大車拾餘輛若無所備亦實堪虞當亦定造洋抬槍四桿即以繩工充當炮手有警則環轅禦擊無警則載赴行局以備守衛至所須槍價並藥彈等項若干先由局款撥墊嗣後或由辦公撙節或另行籌款歸補之處再行開單具報所有擬定赴荒日期並置買槍藥等情理合具稟聲明虔請

鈞安伏乞

慈鑒卑府心○謹稟

光緒三十年十月初三日

呈為請撥扎薩克圖荒務局哨隊歸卑局調遣由

全銜 為呈請事竊卑府奉
委辦理扎薩克公荒務業將在洮南府設局開辦情形另文呈報在案應即赶緊馳赴該公旗商辦一切惟該旗地段荒僻空濶賊匪不時出沒亟須兵隊保護查卑府前辦扎薩克圖蒙荒曾經奉撥遼源州巡捕隊吴總巡俊陞營内哨官勝貴所帶馬隊一哨駐荒一年有餘深資得力現在該局荒務業經報竣
擬請
憲台恩准飭令北路恆統巡玉轉飭吴總巡俊陞仍將哨官勝貴所帶馬隊一哨就近撥歸卑局調遣所

有該哨官兵薪餉及開革募補等事仍由該營官處
主政卑局概不與聞卑府立待赴荒擬即先行携帶
該哨馬隊前往以期迅速而資保衛除分移查照外
理合備文呈請
憲台鑒核伏乞
批示施行須至呈者
呈
軍督部堂增
光緒三十年十月十七日
批准如所請辦理候飭營務處暨恒統巡玉轉飭該哨
官遵照並候飭荒局知照繳

稟為辦荒亟須兵力保護懇招馬隊兩哨由

全銜　謹

稟

督憲將軍鈞座前敬稟者竊卑府前因急待赴荒需隊保護曾經請留遼源州巡捕隊吳總巡俊陞馬隊一哨業已呈報在案嗣於會陳招降稟內恭奉

憲批內開蒙荒行局既擬暫留前次荒局所借吳總巡馬隊一哨亦即毋庸再行招募以免多費餉項等因

奉此際此時艱款絀

憲台夙夜籌勞凡在屬吏均當仰體我

憲之心以為心况卑府渥荷

殊恩更宜力從撙節何敢稍有虛糜情因該荒孤懸沙漠兵力不及向為藏奸伏莽著名盜賊出没之區近更數百成羣不時竄擾查卑府前請招募二百隊者不過聊資鎮懾旋因擬收降隊改為一百比時未再瀆請者以添兵即係潛消賊匪也乃降隊既未招成始請截留吳總巡營哨官勝貴所帶馬隊一哨原係八成隊伍復經調回九名現僅有兵三十一名八起繩弓下段姑無論護衛即每起隨繩遞文僅派二名已去十六名矣所有護局解款保護各起隨從差員及由雙流鎮往來遞（送公）文等事在在均須保衛無往而不藉資兵力若僅恃此現留之巡捕隊三十一名不

但公款重要時時皆虞漫藏各起散處處處胥蹈危機即領戶亦恐皆裹足不前則荒務即無法辦矣卑府前在鎮國公旗已與商妥分攤兵餉允為代招有槍蒙民大戶子弟四十名並擬再由卑局自募自帶槍馬妥實民勇四十名亦經商明由公旗分出半餉擬請仿照扎薩克圖護兵前案由 正款項下開銷合之勝貴一哨共一百一十一名庶幾藉此可以稍供分布差遣暫且將就敷衍此係再四躊躇無可再省實係非此萬萬不可者是以懇乞

憲台格外垂鑒

俯賜恩准

飭交文案營務糧餉蒙荒省局備案則荒務幸甚卑局
幸甚所有辦理荒務亟須兵力懇請准招馬隊兩哨
緣由理合具稟陳明恭候
憲鑒批示遵行虔請
鈞安伏乞
垂鑒卑府心。謹稟
光緒三十年十一月初三日
批稟悉所陳招隊情形未始不可姑准惟該公旗荒地
現尚未放應支餉項由何發放未據聲明當茲款項
奇絀若先行墊發日後不能歸補殊非慎重之道仰
再切寔妥籌稟候核奪繳

稟為聲覆餉項無須借墊情形恭候　示遵由

全銜　謹

稟

督憲將軍麾下敬稟者竊卑府前因荒段需兵保護曾經
稟請招募蒙漢馬隊兵勇八十名分為兩哨餉項仿
照扎薩克圖成案由　國家與該公旗所得荒價
項下對半分攤作正開銷等情在案旋於十二月十
二日奉到
憲批所陳招隊情形未始不可姑准惟該公旗荒地現
尚未放應支餉項由何發放未據聲明當茲款項奇
絀若先行墊發日後不能歸補殊非慎重之道飭令

安籌稟奪等因奉此詳繹
憲批語意已深體荒段用隊之急所有招募勇隊分攤餉項皆似無難允准所難者惟荒尚未放自然價尚未收刻下之餉項勢須借墊恐無專支的款日後有不能歸補之虞
憲慮周詳莫名欽感遵查卑局雖屬甫經開辦荒尚未放然自卑府到荒以來雖未經張貼招領及章程告示竊幸各領戶相信有素現計所收城鎮兩基與各等荒價已約有五六萬金之譜現擬將前代公旗所借之萬金暨卑局在省墊辦借用舊局之八千金先行一概清還此外刻又應付蒙旗借用八千金茲復

派員赴省催收城基價銀如能收齊飭即解呈
憲轅現銀壹萬兩並擬撥交省局銀一二千兩加以卑局
今冬一切開支皆可敷用是卑局舊欠尚擬還清則
新需兵餉更可以通融發放更無須借墊矣且此項
兵餉既與蒙旗商明由該旗與
國家分攤均出計養兵八十名每月　國家僅用餉三
百餘兩自應如扎薩克圖成案按月先由正款內動
撥俟荒務竣時再將兵餉共用若干一律開除清楚
彙總造報呈請核銷祇求
憲台核准　奏明立案則既有作正開銷專款自無庸
歸補矣茲既遵奉妥籌

鈞諭謹將實在情形據實瀝陳伏懇
憲台垂念荒徼孤懸盜賊環伺兵單地曠款重差煩將
前請招隊兩哨
俯賜照准俾卑局得以稍敷保護兩荒務亦得以藉資
訖事則感戴
鴻慈寔無既極俟荒地一經丈竣款項一律分清即當赶緊裁撤當此帑項奇絀之際萬不敢稍事虛靡多耗公款再此項兵隊前託該公由蒙旗大户代招之四十名雖經募齊仍在該旗聽候尚未編列成隊擬由卑局自招之漢勇四十名因需用緊急已於十月十五日募齊入伍業經開差統候奉

准之日即行查照成哨先後日期分別造報合併聲明

所有遵飭據寔聲覆緣由合肅稟陳伏乞

憲台鑒核恭候

批示遵行虔請

鈞安惟冀

垂鑒卑府心〇謹稟

光緒三十年十二月十五日

批稟悉該局既收有地價所募隊兵八十名自應仍照

札薩克圖行局章程由正款內開支薪餉仰候

奏咨立案一面即將花名清冊及成哨日期報查並候

飭省局知照繳

呈為遵募護局馬隊一哨官弁什勇員名薪餉數目冊報由

全銜　為呈報事竊照卑局前請招募漢蒙護局馬
隊各一哨以資保衛曾經先後稟報在案比因立待
勘丈需隊孔亟當將漢隊一哨先由卑局招齊即於
光緒三十年十月十五日起餉開差赴荒稟奉
憲台批准亦在案茲將遵募護局馬勇漢隊一哨官
弁什勇員名及薪餉數目等項詳晰造具清冊除分
移查照外理合備文呈請
憲台鑒核伏乞
照呈備案施行再此項馬隊什勇均係揀募良民與
降隊有間故皆有馬無槍現值軍械無多之際只得

從權辦理查荒境大户多有看家槍械前經卑局與各户婉商借得數十枝分給什勇使用並飭不得損壞遺失一俟下年荒務竣工即行按户發還合併聲明須至呈者

右　　　　　　　　呈

軍　督　部　堂　廷

敬附稟者竊卑局原擬分募漢蒙馬隊兩哨其漢隊早經募齊尚稱得力本擬募成蒙隊時一併造報兹因蒙隊迄未募成故遲至現今始將漢隊一哨造冊具報查原議招募蒙隊原係遵

示商請公旗代募屢經卑局催詢該旗雖經招募日久

迄未成伍且聞所招蒙人槍馬亦不齊備日前賊匪
恣擾需隊甚急碍難坐待只得將該旗辭退作罷由
卑局在蒙佃内挑募應用並一面傳飭界内起練鄉
團以補兵力之不足一切擬辦情形業經前後稟明
在案惟自本年三月以後南段新到外人多至數千
少亦數百挾索米面來往無常而舊佃蒙户多在南
段適當其衝不惟此項馬隊無法招募即前次起練
鄉團亦被阻撓伏思現當賊踪四伏之際繩弓難緩
之時舊佃蒙人既未全行安堵遠來領户咫尺不能
抵荒經卑局一面綏徠一面防剿始稍有著手之處
乃匪勢稍平而外人踵至託招蒙隊既延誤於公旗

起練鄉團復見撓於非族跋前疐後寔屬棘手萬分
卑局荒適百里境外孤懸舉凡防守地面押運隨繩
在在均須兵力僅恃此數十名之馬隊實屬難資敷
用卑府際此艱虞只得審時度勢於萬難之中設法
防守遇有解運等事即商撥洮南府隊權爲借用一
俟外擾稍紓即行補募及續練鄉團以靖荒境而保
丈務所有招募蒙隊擬練鄉團辦理棘手各因由理
合附稟聲明恭啟
鈞安伏乞
崇鑒卑府○○謹附稟
光緒三十一年四月初六日

鎮國公蒙荒案卷

卷二

稟陳辦理荒務棘手情形由

敬再稟者竊卑府等於光緒三十年九月間奉
委辦理扎薩克公旗荒務於十月到荒開辦今年開
繩以來始因蒙員遲到稍致稽延繼因外族往來諸
多滯礙而鬍匪之乘機竄擾出没不常實與荒務相
終始經卑府等後先設法分別勦撫並躬親督率繩
起擇於全荒之中有一段稍形安靖者即就該段乘
間行繩如此展轉辦理加緊趕丈幸於六月下旬將
生熟荒地一律丈竣即將十二起全行裁撤並酌裁
局員以節縻費歷經呈報在案現因各起冊報尚未
全行彙總荒地多少不敢定其准數大約全荒生熟

荒地除不可墾並照章三七折扣外可得升科實地
十七八萬晌其荒地暨城基價銀可得四十餘萬兩
除一切經費兵餉及蒙旗應得之正價銀一半外
國家可得報効銀十四五萬核與卑府前辦扎薩克
圖王旗蒙荒地數不及三分之一而
公家所得將及其半惟此荒地屬遠邊土尤磽薄實
屬不易招徠故前定章程於三七折扣之外如遇沙
鹻不可墾者准其量予折扣並畧為變通弛包領大
段之禁寬各户交價之期凡願領者准其指領段落
先交半價撥荒後再將餘價交清故現在丈務雖完
猶須補收餘價但值此爭端未息盜賊四起職局遠

居偏僻道途脩阻運滙不通各户擬交現銀不能來
荒卑局原收滙票不能往兑實屬焦急萬分惟有仰
懇
憲台俯念荒僻艱難稍寛時日一俟道路稍通卑府
即當宛轉設法赶緊歸結務期早日竣事以免虚糜
此卑府等辦理荒務之大概情形也合肅附禀馳慰
憲廑載請
鈞安伏乞
崇鑒卑府職〇〇〇〇謹再禀
光緒三十一年八月初三日
批禀悉該總辦前已派往圖什業圖王旗勸辦開墾事

宜此時諒已奉到札飭仰即迅速馳往該王旗婉轉開導以期有成該行局丈務已竣即責成會辦鍾倅迅將圖册繪造齊全并嚴限該各墾户將荒價如數措繳庶剋日報竣以免虚縻經費候飭蒙荒省局知照繳初八日

札飭會辦鍾未便遽赴江省

軍督部堂趙　爲札飭事案准署黑龍江將軍程　咨開案照江省舉辦善後事務殷繁所有奏調及投効人員不敷差遣兹查有奉天所屬科爾沁扎薩克鎮國公旗蒙荒行局會辦儘先即選同知鍾丞祺老成穩練辦事勤能前在江省充

差多年於地方情形尚為熟悉擬將該丞調江差遣委用以資臂助除札飭該丞遵照外相應備文咨請
為此合咨貴軍督部堂請煩查照希飭該丞迅速來江望即施行須至咨者等因准此查該員現在辦理科爾沁扎薩克鎮國公旗蒙荒一切收價事宜正賴清理未便遽易生手除咨覆外合行札飭札到該局即便知照特札

右札扎薩克公旗蒙荒行局准此

光緒三十一年九月十一日

呈為各起於傳繩期內趕丈餘荒已將七月分薪工支給具報由

全（局）銜為呈報（移行）事竊照卑（案照敝）局各起於六月初一日照章

停繩並停支薪水車價業經具報在案查自開繩以
來始而匪類繼而外人此往彼來全荒疲於奔命卑敝
府等局一面設法分別剿撫一面親督繩起全荒之中
如有一股稍靖即就該段行繩乘間辦理展轉丈撥
至五月月底幸將全荒丈出十之八九惟時屆六月
照章停竊維荒內目前尚稱安靖餘荒又屬無多若
俟七月開繩誠恐賊氛又肆則等候稽延竣事無日
卑府等敝局當因傳飭各起有願於停繩期内冒暑趕丈
者准將該起七月分薪工支給傳飭去後各該起奮
勉圖功咸願及時趕丈於停繩期内照常辦事直至
六月二十日以後將全荒一律丈畢先後收繩當此

草深蟲起溽暑偪人之際各該起四出繩丈早作夜
歸實屬異常辛苦既已先期藏事即先期開支於局
費毫無所損而早日竣事早日裁起其充大局之糜
費者所省尤多卑敝局因將七月分各起員司書役應
支薪工車價銀兩一體支給以示體卹而勵勤勞除
丈務已竣將各起裁撤暨酌裁隨局員司另文具報
並分行呈報督憲鑒核外理合相應備文呈報移行為此呈報合移
憲台鑒核伏乞照呈批示施行須至呈移者
貴局請煩查照

右呈移

軍督部堂建

蒙荒總局

光緒三十一年六月二十五日

批呈悉該局於照章停內督飭各起員司書役將全荒一律丈畢先後收繩辦理深中竅要所請將七月分各起員司書役應領薪水車價銀兩一律支給以示體卹而勵勤勞應即照准候飭糧餉處暨蒙荒省局知照繳

為具報續募馬隊六十名所賃房租價銀數目呈請備案由

局全銜為呈報移行事竊案照卑敝局到荒具報租賃局房並另租房屋以作廵捕隊一哨住處以及嗣後續募護局馬隊亦須租房居住應請援照扎薩克圖行局成案按月支銷彙報等情業經呈蒙

憲台
督憲批准在案所有護局馬隊於三十年十月十五
日募成一哨起餉於三十一年五月初一日募成半
哨起餉均經先後呈報
憲台
督憲鑒核亦在案查該隊一哨有半常川駐荒自應
援照辦理租房居住以免借居民房致有滋擾前經
租賃平房七間以住續募之一哨於三十年十月十
五日起租計每月租價銀拾貳兩陸錢復租平房四
間以住後募之半哨於三十一年五月十五日起租
計每月租價銀陸兩肆錢除遵章按月支銷彙總冊
報外理合備文呈報為此呈請
相應移行合移
憲台鑒核伏乞
照呈備案施行須至移呈者
貴局請煩查照

右　　　　　　　　　　移呈

軍　督　部　堂　廷

蒙　荒　總　局

光緒三十一年七月初十日

批如呈備案迅將花名清冊造報候飭蒙荒總局知照繳

右哨哨長賈占一為稟報獲解盜犯二名由
並拏獲情形

具稟右哨哨長賈占一為獲解盜犯事竊職在色公旗界劉家窩堡屯住劄於本月十四日忽聞隱隱炮聲即與隊兵帶軍裝出屯觀望遥見有騎馬二人背槍一桿外跨一馬由高家窩堡道跑來相離漸近該盜瞥見官兵將槍拋在高糧地內職等看見疑為盜

匪持槍奔打該盜不敢遽逃充作好人詭言行路者職見其形迹詭異子細般詰該盜等詞窮盡吐實情自言係盜首大德字匪黨一綽號長要年三十九歲騎全鞍紅驊馬一綽號月紅年十九歲騎全鞍黑騍馬又言盜首共五名一名大德字一名海龍一名天下好一名打五城一名海勝率盜黨一百三十餘名適被外隊用炮打散職問明後由高糧地找出開斯槍一桿遂將該盜槍馬衣物等件開列贓單一齊解案

計抄堂批一分

批訊據供認均係盜首大德字夥匪屢次強搶鄉人捐

銀並拒敵官兵不諱應即取詳供備文移送洮南府法辦隨獲馬匹槍械零星贓物等件留營變價充賞可也

移為拏獲盜犯二名解交洮南府訊辦由

局銜為移送事案據敝局右哨哨長賈占一稟稱八月初八日抱馬吐蒙人報稱盜首海字打五城等率大股匪黨在辛家窩堡屯槍擄職即帶全隊與蒙兵十五名同赴該屯剿捕賊匪等情具稟去後旋據該哨長稟稱本月十四日忽聽北方隱隱炮聲即與隊兵攜帶軍裝出屯觀望遥見有騎馬二人背槍一桿外跨一馬由高家窩堡道跑來相離漸近該匪瞥見

官兵將槍拋在高糧地内職等看見疑為盜匪持槍
奔打該匪不敢遠逃聲言行路職等見其形迹詭異
即帶防所盤詰委係大德字匪黨被洋兵打散一名
焦萬榮綽號長耍一名張子英綽號日紅開列贓單
隨將該二犯一併解案等情將人犯槍馬等項稟送
前來 敝局即時提訊據該二犯等供認均係盜首大
德字夥匪屢次強搶並拒敵官兵不諱案無遁飾除
稟報
督憲鑒核並將該犯槍械留營備用以及馬匹零星
贓物等項留營變價充賞外合將盜犯長耍即焦萬
榮日紅即張子英二名並抄錄原稟暨全案贓單供

指備文移送為此合移
貴府請煩查照驗收訊辦見覆施行須至移者
計移送盜犯焦萬榮張子英綽號長要日紅
右　移
洮南府正堂田
光緒三十一年八月十八日
呈為拏獲鬍匪二名移交洮南府訊辦具報請核由
全局銜為呈報移行事竊案照職敝局右哨馬隊在挖馬屯與匪
首海字大德字打五城等股匪接仗情形業經呈報移行
在案茲於八月十七日據右哨哨長賈占一回局稟
稱職在色公旗界云云至一齊解案等情并盜犯二名

槍馬雜物開單解送到局職道等當將該犯張子英
即日紅焦萬榮即長耍提訊供認均係匪首大德字
夥匪屢次強搶並拒敵官兵不諱案無遁飾除將所
獲槍枝留營備用將所獲贓馬賞還前次劉匪打傷
馬匹之蘐勇以及零星物件變賣充賞外當將該犯
張孖英即日紅焦萬潆即長耍二名備文移交洮南
府驗收訊辦去訖除移行總局查照呈報督鑾核外理合相應備文呈移
報行為此呈請合移
憲台鑒核伏乞照呈備案貴局請煩查照施行須至移呈者
右呈移
軍督部堂趙
蒙荒總局

光緒三十一年八月二十五日

批獲盜張仔英焦萬濚二名既據移送洮南府收訊候

飭該府審擬詳辦繳

督憲札爲已丈公荒設立安廣縣丞抄原奏飭知由

札飭事照得本軍督部堂於光緒三十一年八月十

六日具

奏爲札薩克鎮國公旗荒地將次丈竣亟宜添設地方

官以資治理一摺除俟奉到

硃批再行恭錄飭知外合行抄奏札仰該局即便知照特札

計抄奏一件

右札札薩克鎮國公旗蒙荒行局准此

奏為扎薩克鎮國公旗荒地將次放竣亟宜添設地方
官以資治理恭摺仰祈
聖鑒事竊哲里木盟科爾沁扎薩克鎮國公旗荒務經前
任將軍增祺派員設局收價招墾業將辦理情形暨
章程各條先後奏明在案茲據該局總辦花翎分省
省遇缺即補道張心田稟稱目下該旗熟地生荒將
次撥丈完竣民蒙墾戶聚成村落近來雖屬相安恐
墾務告蕆荒局裁撤其地無官鎮攝難保不滋生事
端等情稟請核辦前來　查該旗荒段南北約長百
三十里東西寬約百里南通吉林之長春府東連黑
龍江新設之大賚廳西接洮南府北達公營子地連

三省四達通衢自兩隣宣戰以來各處避難之民麕聚其間而盜賊亦因之竊發亟宜添設正佐地方官遇有詞訟命盜及應辦案件均責成該員經理庶可裕生聚而興教育弭隱患而資拊循茲擬於該荒段適中之徐家窩堡地方健為縣治考其地舊為遼之安廣軍即名曰安廣縣設知縣一員巡檢兼管典史事一員隸洮南府知府管轄該縣民蒙雜處政務殷繁且地當孔道責成尤重應請定為衝疲難邊要調缺由外揀補並請加理事同知銜巡檢兼典史一員請加六品銜該正佐等官均係邊地要缺三年俸滿應請保升其養廉津貼俸工役食以及修健衙署監

獄等項均仿照開通靖安兩縣數目一律發給實銀以資辦公末升科以前暫由荒價項下動支統俟起科後再由地租款内支給惟該處草萊乍闢各墾户良莠不齊加以邊地匪徒往來出没保護彈壓須資兵力即以該局放荒時奏明招募之馬隊八十名撥給該縣作爲捕盜巡警之用歸該縣節制調遣其薪水兵餉均照奉省馬隊章程開支如蒙
俞允即由　先行派員前往試辦並懇
飭部頒鑄印信以昭信守除分咨查照外所有蒙荒丈竣
應設正佐各官緣由理合恭摺具
奏伏乞

皇太后
皇上聖鑒訓示謹
奏

督憲札爲公荒派員設治已奉硃批飭遵由

恭録札飭事照得本軍督部堂於光緒三十一年
八月十六日具
奏爲扎薩克鎮國公旗荒地將次放竣亟宜添設地方
官以資治理一摺當經抄奏飭知在案兹於八月二
十九日奉到
硃批着照所請該部知道欽此除欽遵并分行外合行恭
録札仰該局即便欽遵特札

右札鎮國公旗蒙荒行局准此

光緒三十一年九月初三日

督憲札爲移覆江省行局會辦荒務正賴經理未便遽易生手飭知由

札飭事案准

署黑江將軍程　咨開案照江省舉辦善後事務殷繁所有奏調及投効人員不敷差遣兹查有奉天所屬科爾沁札薩克鎮國公旗蒙荒行局會辦儘先即選同知鍾丞祺老成穩練辦事勤能前在江省充差多年於地方情形尚爲熟悉擬將該丞調江差遣委用以資臂助除札飭該丞遵照外相應備文咨請爲此合咨貴軍督部堂請煩查照希飭該丞迅速來江

望即施行須至咨者等因准此查該員現在辦理科
爾沁扎薩克鎮國公旗蒙荒一切收價事宜正賴清
理未便遽易生手除咨覆外合行札飭札到該局即
便知照特札

右札扎薩克公旗蒙荒行局准此

光緒三十一年九月十一日

稟為代陳會辦擬請銷差給假實在情形候示祇遵由

總辦金銜謹稟

督帥
將軍均座前敬稟者竊職局會辦鍾丞前蒙
黑龍江將軍程咨調赴江差遣等因經
憲台以荒務收款之際未便遽易生手咨覆江省並札

職局
遵照等因奉此查該員請假赴江等情業自專
稟具陳矣　職道　與該員既共事一局其不得不往江
省以免失信于人情形亦係實在蓋
程帥往在江省　職道　等亦屬同舟此次
程帥到任百度維新需人孔急由去年迄今屢欲在
職局
調用多人公牘私函不下十餘次　職道　未敢擅
允惟該員早蒙招致故允於差竣前往前接來函云
將該會辦作為到江人員咨部立案等語在該員既
已有言在先
程帥又為咨部亦屬勢難中止且為大局起見奉省
江省彼此何分江省之員亦

憲懷之所注系現在荒務業經歸結報竣有期該會辦
尚無經手未完事件合無仰懇
憲台俯准該員所請銷差給假之處出自
憲裁所有會辦鍾丞請假各緣由合肅稟陳須至稟者
光緒三十一年十月二十二日
會稟股匪碍難招撫情形由
批呈及稟單均悉招撫一層已於會稟内批示矣仰即
知照繳
呈為遵募護局馬隊一哨冊報請核由
批呈及另稟均悉查該局所募馬隊現既不敷差遣儘
可不拘漢蒙設法續行募練以期荒務早竣仰即遵

照候飭省局知照繳册存 七月初七日

稟為練長王占元力戰身亡懇 恩奬䘏由

批稟悉該處草萊乍闢教育未興竟有深明大義之會長王占元率衆助官兵勦賊奮勇捐軀既堪嘉尚尤為憫惻王占元及死事之會勇三名均照章給予䘏銀並俟稟案 奏䘏其子王憲廷能繼父志准如所請賞給五品藍翎以示鼓勵陣亡會勇係何姓名王占元有無功名均着造册報查候飭財政局營務處蒙荒行局知照繳奬札隨發 十月二十三日

呈為領戶自放鎮基並報効銀兩由

批呈悉各段晒放鎮基修築土圩既可防盜禦侮而

於生聚教養大有關繫最爲經邦定邑之要該道等能見及此殊屬可喜所請報効銀兩另款存儲彌經費不足尚屬以公濟公准如所請辦理候飭蒙荒省局知照繳十月二十三日

呈爲王鴻逵逾限不繳荒價移送洮南府看管由

批如呈辦理繳十月二十三日

呈爲拿獲鬍匪王振山移交洮南府訊辦由

批據呈已悉仰候札飭洮南府提犯研審情錄供詳辦繳十月二十三日

管票委員郭桂五
司　事李樹梅謹
稟
總
會辦大人鈞座前敬稟者竊職等均係吉林赫爾蘇門邊
台人俱由附生投效奉省於光緒二十八年蒙
派扎薩克圖蒙荒行局司書差使嗣因墾務出力職桂五
蒙保不論雙單月儘先選用府經歷職樹梅蒙保不論
雙單月儘先選用縣丞經部核准具奏奉
旨依議欽此均奉到行知各在案職等擬俟此次差竣赴部
候選或捐分發省分暨將來詣部驗看必須取具本
旗圖片奈籍隸邊台向無旗佐本省既無旗佐更何

從而得京旗圖片查吉林台站之人向亦因無旗佐送考僅得與本省漢軍旗人一同考取生員未能恭應鄉試自光緒十五年間經前任吉林將軍侯希

奏准台站貢監生員由漢軍鳥槍營八旗挈戳送考一經中式即將該舉人本身一支撥歸送考之旗編入檔冊一體當差應試職柱五胞兄舉人郭星五即於辛卯科中式當經撥入鳥槍營廂黃旗有案可查伏思科名與保舉雖有正途勞績之分至於服官從政與

國家宣力則一且同屬台人中舉既准入旗則獎敘之員當同一體是以籲懇

轉為稟懇
督憲迴格恩施俯准咨行吉林
將軍衙門可否援照邊台中舉入旗之例將職等撥入
烏槍營旗下則永戴
生成大德無極矣理合據實稟懇伏乞
憲鑒恩准施行 職桂五樹森謹稟
光緒三十一年十月十五日
批稟悉仰候據情轉呈請咨可也

稟為府經歷郭桂五等請撥入烏槍營據情轉稟由

總會辦全銜　謹

稟

督憲將軍麾下敬稟者竊職道等　現據職　局管票委員
選用府經歷郭桂五司事選用縣丞李樹槑稟稱竊
職等　均係吉林赫爾蘇門邊台人俱由附生投効奉
省於光緒二十八年蒙派扎薩克圖蒙荒行局司書
差使嗣因墾務出力職　桂五蒙保不論雙單月儘先
選用府經歷職　樹槑蒙保不論雙單月儘先選用縣
丞經部核准具奏奉
旨依議欽此均奉到行知各在案職等擬俟此次差竣赴部

候選必須取具本旗圖片叅籍隸邊台向無旗佐本省既無旗佐更何從而得京旗圖片查吉林台站之人向亦因無旗佐送考僅得與本省漢軍旗人一同考取生員未能叅應鄉試自光緒十五年間經前任吉林將軍希　奏准台站貢監生員由漢軍鳥槍營八旗掣籤送考一經中式即將該舉人本身一支撥歸送考之旗編入檔册一體當差應試職桂五胞兄舉人郭星五即於辛卯科中式當經撥入鳥槍營廂黄旗有案可查伏思科名與保舉雖有正途勞績之分至於服官從政與

國家宣力則一且同屬台人中舉既准入旗則奬敘之員

當同一體是以籲懇轉為稟懇
督憲逾格恩施俯准咨行
吉林將軍衙門可否援照邊台中舉入旗之例將職
等撥入烏槍營旗下俾蒙保人員得有出身自効之
路等情據此職道等伏查本年九月間
署吉林將軍富　片奏因伊通邊門所屬候選教諭
恩貢生何棫樸等於庚子變亂倡辦鄉團出力援照
前寧夏將軍穆圖善將台站領催張恒在軍營立功
注入漢軍冊檔成案請將恩貢生何棫樸等撥入烏
槍營欽奉
硃批該部知道欽此欽遵在案該員等荒徼從公不無微勞

足錄而籍隸邊台竟至旗民兩無所歸永無出仕之日未免向隅所請撥旗一節既有成案可援可否仰

邀

憲恩俯賜咨行

吉林将軍衙門查核具奏請将選用府經歷郭桂五選用縣丞李樹森援案撥入吉林烏槍營漢軍旗檔充差以昭激勸之處出自

憲裁理合據情轉稟伏候

批示遵行須至稟者

光緒三十一年十一月初一日

批稟悉仰候據情咨明　吉林将軍查核辦理繳　初二日

稟為革員連奎懇乞聲敘被叅原案據情轉請懇 恩代奏

全銜謹

稟

督憲将軍座前敬稟者竊據職局七起監繩委員已革防

禦連奎聲稱前於丈放東流圍荒地畝在事出力案

內蒙

前軍督憲增 奏請開復原官於光緒三十一年三

月二十八日奉

旨交部議奏欽此是年六月十六日經兵部議奏本日奉

旨依議欽此八月二十七日接奉

督憲札開准兵部咨開丈放東流圍荒地畝在事出力請

奬各員單内計開已革防禦傑連奎請開復原官查該員係獲咎人員應令該將軍聲敘被叅原案奏明請
旨再行核議等因奉此遵將被叅緣由並經刑部訊結各原案恭錄呈請轉詳前來查該革員被叅案内係與該胞叔分爭家產啟釁並非因公獲咎經刑部訊結案内該革員僅只隨同爭論亦非實有毆傷胞叔情事情罪似屬較輕可否聲敘奏明以示體恤之處出自
憲裁理合據情轉稟並附呈原案懇乞
俯賜鑒核伏候
批示遵行須至稟者
光緒三十一年十二月十三日

批據稟已悉仰候咨明

兵部查照繳原案清單存送十八日

二起監繩委員吉芳謹

禀

總辦大人閣下敬禀者竊委員於光緒二十七年投效奉

天迭蒙

前督憲增　札派蒙荒監繩委員差使現在差竣擬

回旗當差候選仰懇

憲台恩准轉請

督憲咨回都京正藍旗滿洲都統衙門斌啟佐領下

俾委員在旗當差候選實為

德便理合具禀伏乞

憲台鑒核批示遵行須至稟者

光緒三十一年十二月二十日

批稟悉仰候據情轉詳繳二十二日

呈為二起委員吉芳懇請咨回本旗候選由
全銜為呈請事案照職局二起監繩委員升用主事
即選筆帖式吉芳呈稱竊委員於光緒二十七年投
效奉天迭蒙
前軍督憲增札派蒙荒監繩委員差使現在差竣
擬回旗當差候選仰懇轉請
督憲咨回都京正藍旗滿洲都統衙門俾得歸斌啟
佐領下當差候選等情據此查該員所稟委係實在
情形且經手亦無未完事件理合據情備文轉呈為
此呈請
憲台鑒核伏乞

照呈給咨施行須至呈者

右　呈

軍督部堂趙

光緒三十一年十二月二十二日

批據呈已悉仰候給咨繳十二日

全銜 謹

稟

督憲將軍座前敬稟者竊職道前據七起監繩委員已革

防禦連奎聲稱前於丈放東流圍荒報竣案內在事

出力蒙

前憲增 奏保開復原官嗣准 兵部議覆行令聲

敘被參原案於八月二十七日接奉

憲台札飭懇請轉詳聲敘前來當由職道據情稟懇

憲恩代為奏明聲敘嗣奉

憲批據稟已悉仰候咨明 兵部查照繳原案清單存

送等因奉此飭知該員已自莫名欽感茲復據該員
聲請前奉
行知内閣准部議計開該員係獲咎人員應由該將軍
聲敘被叅原案奏明請
旨再行核議既係行令請
旨核議之件恐非具奏聲明該部不為核議查該員前於東
流圍荒在事出力已有微勞此次充當職局七起監
繩差使於外隊鬍匪擾攘之間督率司書冒險行丈
不辭勞瘁潔己奉公比於各起中異常出力者實不
多讓祇以未經開復不獲邀
恩獎勵未免向隅查該員被叅原案雖重而刑部訊結

情節較輕是以不揣冒昧再懇
憲恩俯念該員數年辛苦兩次勞勣可否
准為附奏聲敘被叅原案俾得開復原官之處出自
恩施職道為策勵人才起見是否有當理合據情稟懇
伏候
批示施行須至稟者
光緒三十二年正月十三日
批該革員連奎係因兄弟謀奪祖産毆傷胞叔經蜜雲
副都統奏請革職交刑部訊辦旋經刑部訊明實係

無心誤傷奏請革職免議嗣因在東流案内出力經
前軍督部堂增　奏請開復原官准部議行令聲敘
原案並據該道稟懇已於十二月據情咨復在案所
請附奏開復之處礙難准行此繳十七日

札為郭桂五等呈請入旂已准吉林將軍咨覆照准飭知由

軍督部堂趙　為

札飭事案准

吉林將軍衙門咨開兵司案呈案准

盛京軍督部堂趙　咨開案據總辦科爾沁扎薩克鎮

國公旗蒙荒行局留奉補用道張心田等稟稱竊職

道等現據職局管票委員選用府經歷郭桂五司事

選用縣丞李樹霖稟稱竊職等均係吉林赫爾蘇門

邊台人俱由附生投効奉省於光緒二十八年蒙派

扎薩克圖蒙荒行局司書差使嗣因墾務出力職桂

五蒙保不論雙單月儘先選用府經歷職樹霖蒙保

不論雙單月儘先選用縣丞經部核准具奏奉
旨依議欽此均奉到行知各在案職等擬俟此次差竣赴
部候選必須取具本旗圖片宗籍隸邊台向無旗佐
本省既無旗佐更何從而得京旗圖片查吉林台站
之人向亦因無旗佐送考僅得與本省漢軍旗人一
同考取生員未能恭應鄉試自光緒十五年間經前
任吉林將軍希奏准台站貢監生員由漢軍鳥槍營
八旗掣籤送考一經中式即將該舉人本身一支撥
歸送考之旗編入檔冊一體當差應試職桂五胞兄
舉人郭星五即於辛卯科中式當經撥入鳥槍營廂
黃旗有案可查伏思科名與保舉雖有正途勞績之

分至於服官從政與
國家宣力則一旦同屬台人中舉既准入旗則獎敘之
員當同一體是以籲懇轉爲稟懇督憲逾格恩施俯
准咨行吉林將軍衙門可否援照邊台中舉入旗之
例將職等撥入烏槍營旗下俾蒙保人員得有出身
自効之路等情據此職道等伏查本年九月間署吉
林將軍富　片奏因伊通邊門所屬候選教諭恩貢
生何棫樸等於庚子變亂倡辦鄉團出力援照前寧
夏將軍穆圖善將台站領催張恒在軍營立功註入
漢軍冊檔成案請將恩貢生何棫樸等撥入烏槍營欽
奉

硃批該部知道欽此欽遵在案該員等荒徼從公不無微勞足錄而籍隸邊台竟至旗民兩無所歸永無出仕之日未免向隅所請撥旗一節既有成案可援可否仰邀憲恩俯賜咨行吉林將軍衙門查核具奏請將選用府經歷郭桂五選用縣丞李樹森援案撥入吉林烏槍營漢軍旗檔充差以昭激勸之處出自憲裁理合據情轉稟伏候批示遵行等情據此除稟批示外相應抄批咨明為此合咨貴將軍請煩查照核辦見覆施行等因准此除札飭烏槍營叅領遵照即將郭桂五李樹森等隻身戶口撥入該營充差外相應呈請咨覆為此合咨貴軍督部堂查照可也等因准

此合行札飭札到該局即便分飭該員郭桂五李樹
森一體知照此札

右札圖什業圖蒙荒行局准此

札為郭桂五等呈懇入旗已奉札照准轉飭知照由

前公旗局銜　為札飭事照得本局前經據情呈請

將管票委員郭桂五等咨行吉林撥入旗籍一案於

光緒三十二年七月初四日接奉

軍督憲札開案准

吉林將軍衙門咨開云云特札等因奉此合亟札仰

各該員即便遵照為此特札

右札仰管票委員選用府經歷郭桂五准此

司事選用縣丞李樹森遵此

光緒三十二年七月初七日

稟為蒙荒報竣懇將該鎮國公及蒙員等　奏請獎敘由

全銜謹

稟

督帥將軍鈞座前敬稟者竊查扎薩克圖蒙荒成案除荒地正價以一半提充報効外所有上中兩等加價銀兩則全數撥歸蒙旗至此次開辦公旗蒙荒職道等首與該公商訂辦法擬無論正價加價統以一半提充報効該公深明大義慨允輸將其急公奉上之忱實出扎薩克圖郡王之上查扎薩克圖報竣時蒙前任督憲增　奏將該郡王革職留任處分開復在案且各處蒙荒尚擬續辦正資觀感合無仰懇

憲台援案將該鎮國公附片請
旨如何加恩以示優異而勵將來以及該旗協理台吉吉克
吉特加卜圖們吉爾嘎勒二員夾干尺布彥托克他
虎一員與職道等商辦一切均能合衷及幫督繩弓
亦均不辭勞怨所有在事人員既擬仰邀
保獎該三員事同一律職道等未敢沒其微勞但該協
理等均係蒙員實無可保銜職可否仰懇
憲台將該協理台吉二員夾干尺一員附案
奏請
賞戴花翎以資鼓舞之處出自
憲裁須至稟者職道卑職謹稟

光緒三十一年十一月初六日

批稟悉候報竣時查核辦理繳十二月初三日

扎為奏獎鎮國公協理台吉等一摺奏　硃批由

軍督部堂趙　為

恭錄札飭事照得本軍督部堂於光緒三十二年正月二十日附片

奏為札薩克鎮國公拉什敏珠爾暨協理台吉等於此次放荒勸辦之初慨然允許由官招墾並報効所得地價之半實屬深明大義自應仰懇

天恩給予獎叙以示鼓勵等因一片茲於二月初八日奉到

硃批該衙門議奏欽此除欽遵並分行外合行抄粘原片恭

錄札飭爲此札仰該局即便欽遵特札

右抄片一件

右札辦理札薩克鎮國公旗蒙荒行局准此

光緒三十二年二月十二日

再查此次公旗放荒該札薩克鎮國公拉什敏珠爾暨協理台吉土門吉爾噶勒吉克濟特扎卜等於勸辦之初慨然允許由官招墾實屬深明大義迥非故步自封者可比旋以地多沙磧續請展放地段計廣百里袤百有三十里迄今設立安廣縣治農商安集

樂利可期足以仰副

朝廷固圉實邊之至意且以時事艱難需款孔亟願將所

得地價之半報効
國家迹其好義急公輸忱効順尤足爲各蒙旗之觀感
此次荒務並由該公暨台吉等恪守章程與局員和
衷商辦故能迅速竣事自應仰懇
天恩給予奬叙以示鼓勵惟查
御前行走哲里木盟科爾沁扎薩克鎮國公拉什敏珠爾
爵分較崇應如何奬勵出自
聖裁非　所敢擅擬其協理台吉土門吉爾噶勒吉克濟
特扎卜二員管旗章京卜彥托克他虎一員係屬蒙
官無升階可保擬請
賞戴花翎以昭激勸除咨理藩院查照外理合附片具陳

伏乞
聖鑒訓示謹
奏

札派佐委員赴鐵嶺傳飭領户鳴鑾堂執事人等來省繳款由

局銜　為札飭事照得本局現經報竣所有各户欠款均須一律補交清結以便彙齊報解查鳴鑾堂包領荒地應交價款除已交不計外下欠銀叁萬捌仟捌百捌拾捌兩叁錢捌分壹厘貳毫為款甚鉅現當督轅暨財政局屢催繳解何容稍事延遲合亟札派佐委員東都飛速前往鐵嶺守候傳飭該執事人劉振英彭福造迅即來省清繳欠款勿得再容支吾為

此札飭札到該員即便遵照飛速前往傳飭切須平
心抑氣勿得辦理不善切切特札
右札仰佐委員東都准此
光緒三十一年十二月初九日
札飭謝委員赴鎮嶺督催鳴鑾堂清繳欠價由
局銜　為札飭事照得局務告竣所有各戶欠款應
即歸結屢奉
軍督憲並財政總局催飭本局不得不將領戶鳴鑾
堂所欠款項繕單呈報
督轅聲明開印並二月初間兩次繳清事關官款自
應嚴飭該領戶速即備款隨同去員來省照本局所

報限期清結合亟札派謝令漢章前往督催爲此札
仰該委員即便遵照迅將鳴鑾堂欠戶催飭來省以
清款目毋任延宕致干送究切切特札

右札謝委員漢章准此

光緒三十二年正月初八日

諭局隊傳鳴鑾堂執事人來局繳價由

前局銜　爲諭傳事照得領戶鳴鑾堂欠繳本局荒
價爲款甚鉅屢催未繳實係玩延應即派差至安廣
縣境内荒段務將該領戶荒内執事人彭福造張姓飭傳來
局以憑嚴追不准抗延該差亦不得稍有勒索致干
未便切切特諭

右諭什長賈維翰
隊兵周耀武　遵此

光緒三十二年三月二十七日

札鐵嶺縣就近催令領戶鳴鑾堂來荒繳款由

總辦全銜　為札飭事照得本總辦去歲出放鎮國公旗荒時領戶鳴鑾堂即鐵嶺縣在籍庶吉士張成棟報領荒地尚欠價銀貳萬陸仟餘兩屢催未繳現在回籍葬親據稱在籍存有現款約定准於閏四月初十日來局清繳查該戶欠款甚鉅本局立待清結萬難再緩茲派本局委員候選府經歷佐東都前往守候催提如欠款不能交清即飭佐委員攜同該領戶來局以便趕緊催追倘該戶臨時交款不齊或有

意圖避匿不肯一同來局情事誠恐委員呼應不靈
應請該縣就近設法催令該户隨同去員來荒事關
公款不可任令支吾遠去致再拖延除札飭佐委員
遵照外合亟札仰該縣查照辦理為此特札

右札仰鐵嶺縣准此

光緒三十二年四月二十五日

札派佐委員赴鉄嶺守催鳴鑾堂繳款由

前局銜　為札派催提事照得領户鳴鑾堂即鐵嶺
在籍庶吉士張成棟共計欠繳荒價銀貳萬陸仟肆
百零陸兩伍錢伍分壹釐貳毫欠交票費中錢柒百
捌拾捌吊叁百陸拾文前准據該户到局面稱請容

回籍營葬並在籍存有現款准於閏四月初十日來局清繳當即札派佐委員東都前往守候催提以便屆時清繳倘該户措繳不齊務即攜同來局以憑嚴追如該户不任攜同來荒或察其有意藉端遠避應亟會同鎮嶺縣就近攔阻務使來荒是為切要倘有徇縱致令人款均不能到定為該員是問除札飭鎮嶺縣遵照外合行札派札到該員仰即遵照迅速前往認真辦理切切特札

右札仰選用府經歷佐委員東都准此

光緒三十二年四月二十五日

呈為拿獲鬍匪一名移交洮南府訊辦具報請核由

全銜為呈報移行事竊職案照敝局現據荒段練總王占元稟稱六月間聞有匪首海字率衆入境綁掠當即帶隊前往剿捕該匪聞風西遁是日有匪黨勝字騎病紅馬來會聲言討飯練總見其形跡可疑遂致盤詰委係海字黨羽來會偵探當經錄記該犯草供將該犯一併解案請辦等情具稟解送前來職敝局即時提訊據該犯勝字即王振山供認投入海字股內强搶不諱並曾看守王永才等綁票十人等語當將前次被綁贖出之王永才及曾往贖票之董喜燕等二名傳案當堂認明該犯看票屬實該犯亦無狡展查盜犯勝字即王振山以海字匪夥在股看票現因打探被

拿復經被綁贖出之王永才等認明屬實該匪亦供認不諱案無遁飾除將該犯騎馬一匹充賞拏匪之會總並飭被綁人王永才贖票人董燕喜到洮南府候傳外當將盜犯勝字即王振山一名備文移交洮南府驗收訊辦去訖除移行呈報總局查照督憲鑒核外理合備文移行呈報為此呈請合移憲台鑒核伏乞照呈備案貴總局請煩查照施行須至呈移者

右呈移

軍督部堂趙

蒙荒總局

光緒三十一年七月十一日

批據呈已悉仰候札飭洮南府提犯研審確情錄供詳辦繳二十一日

呈報領戶報失信票查實補發取保存案由

全局銜為呈報移行事竊案據領戶鄒連才劉寬王德林呂振祥等前後呈稱在公旗領買生熟荒地業已赴局交價領取信票不意於八月間忽有鬍匪一百餘人來住處肆行搜掠遂將小的信票搶去實出無奈是以來局呈懇續發等情據此職道等敝局查核所呈屬實當即取具各該戶切實圖書鋪保存局備案准其續領並將原票牌示作廢補行製發信票去訖除將該領戶失落信票及職敝局補發信票花名號頭晌數開單外

理合相應備文呈報移文為此呈請合移伏乞

憲台鑒核貴局請煩查照施行須至呈移者

右　呈

軍督部堂趙

光緒三十一年十月三十日

批呈悉領户鄒連才等丢失信票既據查明取具保

結補發准予備案候飭洮南府知照繳單抄發初二日

稟為府經歷郭桂五等請撥入烏槍營據情轉稟由

總會辦全銜　謹

稟

督憲將軍麾下敬稟者竊職道等現據職局管票委員選用

府經歷郭桂五司事選用縣丞李樹棻稟稱竊職等
均係吉林赫爾蘇門邊台人俱由附生投效奉省於
光緒二十八年蒙派扎薩克圖蒙荒行局司書差使
嗣因墾務出力職桂五蒙保不論雙單月儘先選用
府經歷職樹棻蒙保不論雙單月儘先選用縣丞經
部核准具奏奉
旨依議欽此均奉到行知各在案職等擬俟此次差竣赴部
候選必須取具本旗圖片奈籍隸邊台向無旗佐本
省既無旗佐更何從而得京旗圖片查吉林台站之
人向亦因無旗佐送考僅得與本省漢軍旗人一同
考取生員未能恭應鄉試自光緒十五年間經前任

吉林將軍希　奏准台站貢監生員由漢軍烏槍營
八旗掣籤送考一經中式即將該舉人本身一支撥
歸送考之旗編入檔册一體當差應試職桂五胞兄
舉人郭星五即於辛卯科中式當經撥入烏槍營廂
黄旗有案可查伏思科名與保舉雖有正途勞績之
分至於服官從政與
國家宣力則一且同屬台人中舉既准入旗則奬敘之員
當同一體是以籲懇轉為禀懇
督憲逾格恩施俯准咨行
吉林將軍衙門可否援照邊台中舉入旗之例將職等
撥入烏槍營旗下俾蒙保人員得有出身自効之路等

情據此職道等伏查本年九月間
署吉林將軍富　片奏因伊通邊門所屬候選教諭恩貢
生何棫樸等於庚子變亂倡辦鄉團出力援照前甯
夏將軍穆圖善將台站領催張恆在軍營立功注入
漢軍册檔成案請將恩貢生何棫樸等撥入烏槍營
欽奉
硃批該部知道欽此欽遵在案該員等荒徼從公不無微勞
足錄而籍隸邊台竟至旗民兩無所歸永無出仕之
日未免向隅所請撥旗一節既有成案可援可否仰
邀
憲恩俯賜咨行

吉林將軍衙門查核具奏請將選用府經歷郭桂五選用
縣丞李樹槑援案撥入吉林烏槍營漢軍旗檔充差
以昭激勸之處出自
憲裁理合據情轉禀伏候
批示遵行須至禀者
光緒三十一年十一月初一日
批禀悉仰候據情咨明　吉林將軍查核辦理繳 初二日

禀為革員連奎懇乞聲叙被參原案据情轉請懇　恩代禀由

全銜　謹
禀
督憲將軍座前敬禀者竊據職局七起監繩委員已革防

禦連奎聲稱前於丈放東流圍荒地畝在事出力案
内蒙
前督憲增奏請開復原官於光緒三十一年三月二
十八日奉
旨交部議奏欽此是年六月十六日經兵部議奏本日奉
旨依議欽此八月二十七日接奉
督憲札開准兵部咨開丈放東流圍荒地畝在事出力請
獎各員單内計開已革防禦連奎請開復原官查該
員係獲咎人員應令該將軍聲叙被參原案奏明請
旨再行核議等因奉此遵將被参緣由並經刑部訊結各原
案恭錄呈請轉詳前來查該革員被參案内係與該胞

叔分爭家產起釁並非因公獲咎經刑部訊詰案内
該革員僅只隨同爭論亦非實有毆傷胞叔情事情
罪似屬較輕可否聲敘奏明以示體恤之處出自
憲裁理合據情轉稟並附呈原案懇乞
俯賜鑒核伏候
批示遵行須至稟者
光緒三十一年十二月十三日
批稟已悉仰候咨明　兵部查照繳原案清單存送十八日
稟為革員連奎兩次勞勣併案懇請　恩准代奏聲敘被參原案由
全銜　謹
稟

督憲將軍座前敬禀者竊職道前據七起監繩委員已革
防禦連奎聲稱前於丈放東流圍荒報竣案內在事
出力蒙
前憲增　奏保開復原官嗣准　兵部議覆行令聲
敘被參原案於八月二十七日接奉
憲台札飭懇請轉詳聲敘前來當由職道據情禀懇
憲恩代為奏明聲敘嗣奉
憲批據禀已悉仰候咨明　兵部查照繳原案清單存送
等因奉此飭知該員已自莫名欽感茲復據該員聲
請前奉
行知內開准部議計開該員係獲咎人員應由該將軍聲

敘被參原案奏明請

旨再行核議既係行令請

旨核議之件恐非具奏聲明該部不為核議查該員前於東

流圍荒在事出力已有微勞此次充當職局七起監

繩差使於外隊鬍匪擾攘之間督率司書冒險行丈

不辭勞瘁潔己奉公比於各起中異常出力者實不

多讓祇以未經開復不獲邀

恩獎勵未免向隅查該員被參原案雖重而刑部訊結情

節較輕是以不揣冒昧再懇

憲恩俯念該員數年辛苦兩次勞勣可否

准為附奏聲敘被參原案俾得開復原官之處出自

恩施職道為策勵人才起見是否有當理合據情稟懇伏

候

批示施行須至稟者

光緒三十二年正月十三日

批該革員連奎係因兄弟謀奪祖產毆傷胞叔經密雲副都統奏請革職交刑部訊辦旋經刑部訊明實係無心誤傷奏請革職免議嗣因在東流案内出力經前軍督部堂增　奏請開復原官准部議行令聲敘原案並據該道稟懇已於十二月據情咨復在案所請附奏開復之處礙難准行此繳十七日

呈為二起委員吉芳懇請咨回本旗候選由

全銜　為呈請事案照職局二起監繩委員升用主事即選筆帖式吉芳呈稱竊委員於光緒二十七年投効奉天迭蒙
前督憲增　札派蒙荒監繩委員差使現在差竣擬回旗當差候選仰懇轉請
督憲咨回都京正藍旗滿洲都統衙門俾得歸斌啟佐領下當差候選等情據此查該員所稟委係實在情形且經手亦無未完事件理合據情備文轉呈為此呈請
憲台鑒核伏乞
照呈給咨施行須至呈者

右　　　呈
軍督部堂趙
光緒三十一年十二月二十二日
批據呈已悉仰候給咨繳十二日

商務局移行開用關防日期由

商務總局　為移知事光緒三十一年九月二十九
日奉
軍督部堂札開照得商務爲富强之基礎現經
朝廷特設商部聯絡各省振興考究商情日有起色奉
省地大物博值此和議告成之際商埠未闢之先亟
宜遇事考求廣爲勸導應於省城設立商務總局以

開風氣而資聯絡等因並刊發關防札交前來茲遵
於十月初十日設局開用關防以昭信守除呈報分
飭外相應移知
貴局請煩查照須至移者
右　　移
札薩克公旗蒙荒總行局
光緒三十一年十月十三日

呈移為丈放城基方數號戶花名冊報請核由

總會辦全銜為呈報移行事竊卑案照敝局開辦公旗荒務在界內
徐家窩棚地方踏定城基一處已將圈丈基址於訂
擬辦理蒙荒章程第五條內業經繪圖貼說呈報

督憲在案茲該城基業已丈放完竣所有官留大小街巷垣壕廟地衙署佔用地基一十二萬陸千零九十大方伍拾柒號佔用地基六十七萬貳千一百二十丈方地基柒拾玖萬捌仟貳百壹拾丈方合地壹仟壹百零捌晌陸畝貳分伍厘除移行總局查照呈報外理合相應將花戶姓名號次寬長丈數以及官留街巷廟地衙署垣壕各項丈數繪圖造册備文呈報移行為此呈報合移

憲台鑒核伏乞備案

貴總局請煩查照施行須至呈移者

計呈移清册一本圖一分附稟一分

右呈移

將軍廷

蒙荒省局

光緒三十一年六月二十日

敬附稟者竊查此項城基所留小街均寬三丈卑局去年呈擬章程附呈城基圖説誤以三丈為四丈理合聲明更正以免歧異須至附稟者

批呈及另稟均悉繳圖册存 初一日

呈為丈放鎮基方數號戶花名册報請 核由

總會辦全街為呈報移行事竊卑案照敝局開辦公旗荒務在公府附近六家子地方跴定鎮基一處已將圈丈基址於訂擬辦理蒙荒章程第五條内聲敘繪圖貼説呈報

督憲在案茲該鎮基業已丈放完竣所有官留大小街

巷廟基垣壕衙署佔用地基玖萬壹仟柒百捌拾貳
丈方花戶叁百貳拾壹號佔用地基肆拾捌萬貳仟
肆百丈方通共佔用地基伍拾柒萬肆仟壹百捌拾
貳丈方合地柒佰玖拾柒晌肆畝柒分五厘除移行總局查照呈報外理合相應將花戶姓名號次寬長丈數以及官留
街巷廟基衙署垣壕各項丈數繪圖造冊備文呈報移行
為此呈請合移
憲台鑒核伏乞備案
貴總局請煩查照施行須至呈移者
計呈清冊一本圖一分
右呈移
軍督部堂趙
蒙荒總局

光緒三十一年六月二十日
批據呈已悉繳圖册存初一日
稟爲成案基租過重擬請核減 奏明立案由
總會辦全銜 謹
稟
督憲將軍麾下敬稟者竊職道等 出放札薩克公旗城
鎮街基各一處業經另文呈報在案查職道 前放札
薩克圖荒段時丈放洮南一府兩縣街基三處未及
擬定街基租賦即因公晋省後經署總辦福齡擬訂
基租無論大小街巷每一方丈按年交納中錢三十
文係略仿黑龍江省東城壕定租章程辦理職道等

現經承辦公旗荒務又跴定徐家窩堡城基一處公營子鎮基一處亦應援案擬訂基租惟查初闢草萊興通匪易大小街巷若統照每一方丈收中錢三十文計七百二十方丈為一晌則每晌合收中錢二十一吊六百文較之地租每晌多至三十二倍有餘未免過重若出之富商大賈尚易完納至於僻巷小戶實屬力有不逮並訪證洮南靖安開通三處街內商民亦均以基租過重為慮前奉　部咨以此項基租每方丈徵中錢三十文比較海龍城每三十丈徵東錢三千文孰盈孰絀等因由扎薩克圖行局呈覆照市價以錢合銀計算核與海龍城無甚盈絀等語呈

蒙
前督憲增咨覆在案查此處地屬邊荒較之海龍城
人煙稠密之處迥不相侔則基租亦應照海龍城量
為核減方為持平所有此次丈放公旗城鎮各基尚
未興修深恐鋪商望而裹足似應稍事變通以紓民
力應徵基租擬分三等頭等磚瓦房二等磚牆草房
三等土平房照等遞減核收租賦如此酌盈劑虛庶
足以昭平允而廣招徠至應如何更正核減定價應
請
憲台鑒奪或先行奏明立案或札飭該地方官俟六年
升科以前酌度情形妥擬詳細章程稟請核辦再洮

南一府兩縣街基各一處均未及升科年分且與公
旗緊相毗連事同一律可否併案變通核減統候
憲台鑒裁施行理合具禀須至禀者
光緒三十一年十月三十日
敬再禀者竊前禀内稱中錢係洮南行使之市錢俗
稱京錢每中錢一千合足數制錢五百文中錢三十
文即制錢十五文也合併聲明須至禀者
批禀已悉查街基每一方丈收租三十文既係京錢
並不為多且經奏咨有案未便再事更張所請應毋
庸議繳初一日

局銜為移交事業奉　督憲札行奏為公旗荒地報
竣亟宜設官一摺內開該局放荒時奏明招募馬隊
撥給該縣作為捕盜巡警之用歸該縣節制調遣等
因奉此現在
貴縣業經抵荒　敝局亦擬刻期回省所有馬隊除由
敝局將薪餉發放至冬月底截止外茲於光緒三十
一年十一月遵將該隊原募一哨續募半哨共六十
名全數撥交
貴縣所有該哨自十二月以後薪餉應由
貴縣發放以清界限除呈報

督憲鑒核暨分移外相應造册備文移交爲此合移
貴縣請煩點驗照收見覆施行再此項馬隊除續募
半哨槍馬俱全外所有原募一哨均係有馬無槍由
敝局商借荒境大戶看家槍械權爲使用准於報竣
時發還前經聲報
督轅有案現在敝局荒竣回省均經發還各戶去訖
合行敘明須至移者
計清册二本
右　移
安廣縣正堂
光緒三十一年十一月十一日

呈為具報職局護勇馬隊移交安廣縣並截止薪餉日期由

全銜為呈報移行事竊案奉
憲台督憲札行奏為公旗荒地報竣亟宜設官一摺內開
該局放荒時奏明招募馬隊撥給該縣作為捕盜巡
警之用歸該縣節制調遣等因奉此現在安廣縣設
治委員孫丞自鎔業經抵荒職敝局亦擬撤回所有職敝
局護勇馬隊原募一哨續募半哨除由職敝局將薪餉
發放至十一月底截止外茲於光緒三十一年十一
月十六日將該隊全數撥交該縣點驗照收訖所有
該隊十二月以後薪餉應由該縣發放以清界限除
分移總局查照理合呈報呈請
呈報督憲鑒核暨分移外相應備文移行為此合移

憲台鑒核伏乞照呈備案
貴局請煩查照施行再此項馬隊除續募半哨
槍馬俱全外所有原募一哨均係有馬無槍由職敝局
商借荒境大戶看家槍械權為使用准於報竣時發
還前經聲報
憲轅
督憲有案現在職敝局荒竣回省均經發還各戶去訖
合併行聲明敘須至呈移者
右呈移
軍督部堂趙
蒙荒省局
光緒三十一年十一月十一日
批呈已悉仰候分行知照繳初二日

移覆事十一月十六日准
貴局移文内開案奉
督憲札行奏爲公旗荒地報竣亟宜設官一摺内開
該局放荒時奏明招募馬隊撥給該縣作爲捕盜巡
警之用歸該縣節制調遣等因奉此現在貴縣業經
抵荒㪷局亦擬刻期回省所有馬隊除由㪷局將薪
餉發放至冬月底截止外兹於光緒三十一年十一
月遵將該隊原募一哨續募半哨共六十名全數撥
交貴縣所有該哨自十二月以後薪餉應由貴縣發
放以清界限除呈報

督憲鑒核暨分移外相應造册備文移交為此合移
貴縣請煩點驗照收見覆施行再此項馬隊除續募
半哨槍馬俱全外所有原募一哨均係有馬無槍由
敝局商借荒境大戶看家槍械權為使用准於放竣
時發還前經聲報
督轅有案現在敝局荒竣回省均經發還各戶去訖
合行敘明等因准此敝縣當於十七日按册點驗照
收訖除另文呈報
軍督憲鑒核暨分呈外相應備文移覆為此合移
貴局請煩
查照施行須至移者

右　　　　　　　　移

札薩克鎮國公旗蒙荒行局

光緒三十一年十一月二十一日

呈為具報將局存抬槍移交安廣縣並籌還原款由

全局銜為呈報移付事竊案查職敝局於光緒三十年十月由省赴荒行抵遼源探聞匪警定造洋抬槍四杆續造二杆先由職敝局局款墊銀發價擬嗣後另行籌補等情先後稟報

憲台督憲在案查此項抬槍由局款墊付價銀計玖拾貳兩壹錢貳分如何歸補現尚無款可籌且職敝局荒竣回省槍歸無用現在既將馬隊遵飭安廣縣飭貴縣接管去訖茲由職局敝局與該貴縣商酌將此項抬槍一併移交該貴縣接收備用其由局墊價銀玖拾貳兩壹錢貳分應由該貴縣如數撥交職敝局以便歸補原款除將抬槍六杆

專隊齎交該貴縣俟收到價銀再行具報並移行總局 呈報督憲
查照 鑒核外理合 相應備文呈報 移付行為此呈請 合移
憲台鑒核伏乞照呈備案 貴縣請煩驗收補價見覆施行須至呈 移者
右呈 移
軍督部堂趙
蒙荒總局
安廣縣正堂
光緒三十一年十一月十一日
批呈已悉候飭安廣縣如數撥補併飭軍火處知照
繳 初二日

移覆事十一月十六日准
貴局移文内開案查敝局於光緒三十年十月由省
赴荒行抵遼源探聞匪警定造洋抬槍四杆續造二
杆先由敝局局款墊銀發價擬嗣後另行籌補等情
先後稟報
督憲在案查此項抬槍由局款墊付價銀計九十二
兩一錢二分如何歸補現尚無款可籌且敝局荒竣
回省槍歸無用現在既將馬隊遵飭撥交貴縣接管
去訖茲由敝局與貴縣商酌將此項抬槍一併移交
貴縣接收備用其由局墊價銀九十二兩一錢二分

應由貴縣如數撥交敝局以便歸補原款除將抬槍
六杆專隊齎交貴縣俟收到價銀再行具報並呈報
督憲鑒核外相應備文移付驗收補價見覆施行等
因准此茲於二十一日據該馬隊巡長等送到抬槍
六桿如數驗收訖惟價銀須呈請
軍督憲批由何項撥交再行移撥相應備文移覆為
此合移
貴局請煩
查照施行須至移者
右　　移
札薩克鎮國公旗蒙荒行局

光緒三十一年十一月二十一日

札飭事案奉
軍督憲批據安廣縣呈准蒙荒行局移交抬槍六桿
槍價無款可籌請飭蒙荒局作正開銷一案奉批呈
悉仰財政總局核飭遵照繳等因奉此本總查安廣
縣治初設地面不靖所交抬槍六桿應准留用以資
防緝原置槍價銀九十二兩一錢二分即由該局於
征起荒價内動支作正開銷除札飭該縣遵照外合
亟札飭札到該局即便遵照此札
右札扎薩克鎮國公旗蒙荒行局准此
光緒三十一年十二月二十八日

為咨會事案奉
軍督憲批據安廣縣呈准蒙荒局移交馬隊十二月
分薪餉銀兩無款可墊請查核指撥一案奉批呈摺
均悉此項馬隊前經本軍督部堂
奏明俟蒙荒放竣行局裁撤即歸該縣節制調遣薪餉
照奉省向章開支已奉
諭旨允准在案現在蒙荒行局雖擬撤回尚未將裁撤日
期報部所有該隊十二月分應領餉銀應仍歸該行
局就近發放自明年正月起按月赴省請領以清界
限仰財政總局分行遵照繳等因奉此除分行外相

應咨會
貴局煩將十二月分薪餉照數撥發施行須至咨者
右　　咨
扎薩克蒙荒行局
光緒三十二年正月十一日

呈為奉撥安廣縣十二月分馬隊薪餉照數劃撥請歸財政總局核銷由

全局銜為呈報移咨事竊職局准財政總局咨案照撤局准貴局咨查撤局准財政總局咨開案奉

軍督憲批據安廣縣呈准蒙荒局移交馬隊十二月分薪餉銀兩無款可墊請查核指撥一案奉批呈摺均悉此項馬隊前經本軍督部堂　奏明俟蒙荒放竣行局裁撤即歸該縣節制調遣薪餉照奉省向章開支已奉

諭旨允准在案現在蒙荒行局雖擬撤回尚未將裁撤日期報部所有該隊十二月分應領餉銀應仍歸該行局就近發自明年正月起按月赴省請領以清界限仰財政總局分行遵照繳等因奉此除分行外相

應咨會貴局煩將十二月分薪餉照數撥發等因准
此查敝職局支銷各款業於光緒三十一年十一月底
稟明截止彙造清册呈送
憲督轅在案今又奉撥安廣縣十二月分薪餉計馬隊
一哨半每月需銀四百八十兩正自應遵照由敝職局
所儲應交正價項下照數劃撥作為敝職局解款緣敝職
局馬隊銷册業已造齊至十一月底一律截止呈請
報部未便改造將来核銷此款既作敝職局已解之項
應請由歸財政總局貴局財政總局照例辦理俾免牽混除咨行財政總局查照並移安廣縣具領呈報
外理合
督轅鑒核並咨行財政總局查照外相應備文呈報咨移行為此呈請合咨移

憲台鑒核伏乞　照呈批示
貴總局　請煩查照　具領施行須至移咨呈者
縣
右　移咨呈
將軍趙
財政總局
安廣縣
光緒三十二年正月十九日

咨行事案奉
軍督憲批據
貴局呈奉撥安廣縣十二月分馬隊薪餉銀四百八
拾兩已由收存正價項下照數發訖惟局内支銷各
款業已稟明截止應將此項銀兩作為解款以免牽
混應飭財政總局核辦一案奉批仰財政總局查核
辦理行知繳等因奉此並准
貴局咨同前因准此敝局覆查無異應即照辦除由
局劃收清款並飭安廣縣補送印領備案外相應咨
行

貴局請煩查照可也須至咨者

右　　咨

扎薩克公旗蒙荒行局

光緒三十二年二月二十一日

移領事案奉
財政總局札開爲札飭事案奉
軍督憲批據該縣呈准蒙荒局移交馬隊十二月分
薪餉銀兩無款可墊請查核指撥一案奉批呈摺均
悉此項馬隊前經
本軍督部堂
奏明俟蒙荒放竣行局裁撤即歸該縣節制調遣薪餉
照奉省向章開支已奉
諭旨允准在案現在蒙荒行局雖擬撤回尚未將裁撤日
期報部所有該隊十二月分應領餉銀應仍歸該行
局就近發放自明年正月起按月赴省請領以清界

限仰財政總局分行遵照繳等因奉此除咨行外合
亟札飭札到該縣即便遵照將十二月分薪餉照數
赴蒙荒局領回散放具報此札等因奉此刻擱餉過
久弁兵懸望孔殷相應遵將三十一年十二月大建
一月餉項數目抄粘原摺繕具印領派幫帶兼右哨
正巡長吴把總文魁前往承領回縣以便散放具報
為此備文移請
貴總局希即查照迅賜核發施行須至移者
計抄粘餉摺乙件
附印領乙紙
右　　　　　　移
扎薩克鎮國公旗蒙荒行局
光緒三十二年正月二十六日

移覆事案准
貴局移開為移行事案查敝局准財政總局咨開案
奉
軍督憲批據安廣縣呈准蒙荒局移交馬隊十二月
分薪餉銀兩無款可墊請查核指撥一案奉批呈摺
均悉此項馬隊前經
本軍督部堂　奏明俟蒙荒放竣行局裁撤即歸該
縣節制調遣薪餉照奉省向章開支已奉
諭旨允准在案現在蒙荒行局雖擬撤回尚未將裁撤日
期報部所有該隊十二月分應領餉銀應仍歸該行

局就近發放自明年正月起按月赴省請領以清界
限仰財政總局分行遵照繳等因奉此除分行外相
應咨會貴局煩將十二月分薪餉照數撥發等因准
此查敝局支銷各款業於光緒三十一年十一月底
稟明截止彙造清冊呈送
督轅在案今又奉撥安廣縣十二月分大建薪餉計
馬隊一哨半每月需銀四百捌十兩正自應遵照由
敝局所儲應交正價項下照數劃撥作為敝局解款
緣敝局馬隊銷冊業已造齊至十一月底一律截止
呈請報部未便改造將來核銷此款統作敝局已解
之項應請歸財政總局照例辦理俾免牽混除呈報

督憲鑒核並咨行財政總局查照外相應備文移行
為此合移貴縣請煩查收見覆施行計交瀋平銀四
百八十兩正等因准此茲已繕具印領如數收到除
呈報
財政總局鑒核外相應備文移覆為此合移
貴局請煩查照施行須至移者
右　　　　　　　　移
扎薩克鎮國公旗蒙荒行局
光緒三十二年三月初九日

爲據安廣縣呈請飭發荒地圖冊咨會查照飭送由

咨會事據試辦安廣縣設治委員孫自鎔呈稱竊卑縣於二月初五日奉到正月十三日札發謄黄二十道並飭迅將應豁光緒三十年及以前節年民欠各項糧租查明某年實欠在民者若干分年分項造具豁免冊結各三分限文到五日内經送來局以便彙核辦理如無民欠亦即依限具覆切勿遲延仍先將收到謄黄日期及貼過處所呈報查核等因奉此查卑縣於三十一年九月十七日始奉軍督憲札委試辦設治事宜卑職於十月二十八日始行抵縣境任事生熟地畝圖冊至今尚未准蒙荒

行局移交到縣並未開徵並無民欠理合依限具覆
並將收到謄黄日期及貼過處所備文呈報伏乞查
核施行等情據此相應咨會
貴局煩即查照希將丈放生熟地畝圖册飭發該縣
以便届時啟徵一面仍移知敝局查照望速施行須
至咨者
右　　　　　　　咨
扎薩克鎮國公蒙荒行局
光緒三十二年三月十四日

公旗局銜　為咨覆事案准
貴總局咨開據試辦安廣縣設治委員孫自鎔呈奉
到謄黃飭將應豁光緒三十年並節年民欠糧租分
晰造具豁免冊結送局彙核經該縣呈於十月二十
八日抵縣任事生熟地畝圖冊至今尚未准蒙荒行
局移交到縣並未開徵亦無民欠等情具覆
貴局轉咨　敝局將丈放生熟地畝圖冊飭發該縣以
便屆時啟徵准此查該縣於三十一年十月二十八
日抵縣任事　敝局係於十二月十六日始行報竣晉省
辦理核銷十二月二十九日將造齊全荒圖冊四分
呈送

督轅請敷三十二年二月初一日准
督轅文案處發交蓋印圖册並咨札各文屬煩轉發
當由 敝 局檢查咨送公旗圖册暨札交安廣縣圖册
各一分携帶回荒業經飭差分投所有代交安廣縣
圖册各一分業已交訖相應備文咨覆爲此合咨
貴總局請煩查照施行須至咨者
右 咨
奏辦奉天財政總局
光緒三十二年四月初七日

咨請將洮南一府兩縣劃撥兵餉成案咨復由

咨行事案奉
軍督憲札開案據科爾沁札薩克公旗蒙荒行局總
辦張道心田呈稱竊職局現當竣事所有應行造報
圖册各件均經先後呈報在案茲查
國家與蒙旗應得各款除已經解撥册報外計現存未
解未撥各款均應繕單註明陸續清釐除應撥交蒙
旗正價餘款兩項由職道商允該印軍等以年前道
路戒嚴領户不得攜交現款均經交到懷德農安等
處號商銀條須展至今春由洮街號商變通兑使再
行撥交該旗下餘欠解

國家應分正價經費雜款各項銀兩因有鐵嶺領戶張
鳴鑾欵價未交約於開印後並二月初間兩次交清
查職道此次帶同員司書役等在省辦理核銷均已
停支薪水應需辦公伙食一切當經稟蒙
憲台照准在於餘款項下開支現在局務清結員司
等各無所事辦公伙食未便久糜第職局尚有移交
地方官案卷圖冊並撥蒙旗款時應取具該旗印文
呈報均須鈐用關防未便即時請繳查前札薩克圖
成案於報竣後所有未盡事宜並催繳各戶尾欠曾
經請將行局關防移交設治地方官接理職局現當
竣事應請仿照前案所有行局關防並催繳尾欠各

事可否移交地方官抑或待圖什業圖蒙荒妥有專
局即歸并該局兼理倘蒙憲台核准俟奉批到日即
行移交關防並截止辦公伙食等項至於尾欠催繳
無論何時倘有舛錯仍係職道之責斷不敢以交卸
關防因循推諉所有行局事竣應請移交關防緣由
理合備文呈報為此呈請憲台鑒核伏乞批示施行
等情據此除批示呈悉現查圖什業圖荒地仍擬奏
派該道接續丈放所有鎮國公旗放荒關防既有款
目未清及移交冊籍等事仍着該道收掌俟一切清
理就緒再行呈繳另單洮南一府二縣應撥兵餉多
少並如何辦法候飭財政總局酌奪辦理繳印發外

合行抄單札仰該局遵即酌奪辦理特札計抄附稟
清單等因奉此敝局查洮南府捕盜營兵餉自光緒
三十年十一月初一日起至三十一年十二月底止
共應領銀一萬五千五百五十柒兩零四分六厘六
毫七絲三忽五微靖安縣自三十年十月二十三日
起至三十一年十二月底止共應領銀五千四百五
十四兩柒錢六分開通縣自三十年十月二十三日
起至三十一年十二月底止共應領銀五仟肆百五
拾四兩柒錢六分以上一府兩縣共應領捕盜營兵
餉銀貳萬六千肆百六拾六兩五錢六分六厘六毫
七絲三忽五微惟是否均由扎薩克鎮國公旗荒價

項下撥給貴局必有案據應請查明撥過成案就近
劃撥清款並咨覆敝局備查相應咨行
貴局請煩查照辦理可也須至咨者
右　　　　　　　　咨
扎薩克公旗蒙荒行局總辦張
光緒三十二年閏四月初七日

為洮南一府兩縣並無由局撥過兵餉成案咨覆財政局知照由

公旗局銜　為咨覆事案准
貴局咨開洮南一府兩縣捕盜營兵餉是否均由扎
薩克圖鎮國公旗荒價項下撥給貴局必有案據應
請查明撥過成案就近劃撥清款等因准此查洮南
一府靖開兩縣兵餉向未由敝局公旗荒價項下劃
撥只上年十一月二十七日敝局因奉到
督憲專札該府縣兵餉一時不敷支放飭由敝局公
旗荒價項下就近指撥當經具禀請示數目嗣奉
憲批候飭財政總局酌奪辦理因未准
貴局咨覆隨將報効

國家正款陸續解清故未及候撥此餉所以敝局自荒
務開辦以來並無撥過洮南一府靖開兩縣兵餉成
案相應備文咨覆爲此合咨
貴總局請煩查照施行須至咨者
右　　咨
奏辦奉天財政總局
光緒三十二年閏四月二十三日

札為准戶部咨行令將地租基租升科年分仍酌中定擬聲覆由

札飭事案准
戶部咨開山東司案呈本部會議覆
盛京將軍趙　奏鎮國公蒙旗墾務告竣每年應得地租基租歸該公等各半勻分等因一摺光緒三十二年三月二十四日具奏本日奉
旨依議欽此相應抄錄原奏恭錄
諭旨飛咨遵照可也等因准此除分行外合行抄單札仰該局遵照部指各節迅速查明聲覆以憑核咨毋延
特札
計抄單一件

右札仰札薩克鎮國公旗蒙荒行局准此

光緒三十二年四月十五日

恭錄札飭事照得本軍督部堂於光緒三十二年正
月二十日附
奏為留奉補用道張心田熟悉蒙情歷辦各蒙旗荒地
勞績卓著仰懇
天恩俯准
賞加二品銜以示鼓勵等因一片茲於二月初八日奉到
硃批着照所請該部知道欽此除欽遵並分行外合行抄
粘原片恭錄札飭為此札仰該局即便欽遵特札
計抄片一件
右札辦理扎薩克鎮國公旗蒙荒行局准此

光緒三十二年二月十二日

奏為遵
旨籌辦蒙荒現將圖什業圖地方勸辦就緒請援案派員
收價丈放恭摺仰祈
聖鑒事竊 承准軍機大臣字寄光緒三十一年十一月
二十五日奉
上諭程德全奏時機危迫亟宜開通各蒙一摺據稱蒙古
各盟世為北邊屏蔽承平日久習於便安比年時局
變遷亟宜設法經營以資控制所陳墾務各節不為
無見著該親王理藩院及各將軍都統督撫等各就
地方情形妥籌辦理詳晰具奏等因欽此遵

旨寄信前來　伏查内外蒙古延袤數千餘里臣服二百
餘年實爲邊陲屏蔽惟以地居瘠苦民習愚頑逼近
强鄰勢取利誘誠屬岌岌可危該將軍所陳深中肯
綮　於護山西巡撫時慮及於此故於所陳統籌本
計條内即以開墾東三省内外蒙古西藏青海開荒
各地爲請到奉後汲汲圖辦惟日不遑惟是奉北各
蒙如扎薩克圖王旗鎭國公旗各荒業已先後開放
設官分治漸著成效當復逐加諮訪盡力圖維查悉
圖什業圖王旗地段尚可開放當即備具札諭飭派
辦理科爾沁扎薩克鎭國公旗蒙荒行局總辦留奉
補用道張心田就近親往勸辦兹據呈稱自委員到

旗後該圖什業圖親王當與協理印務台吉官員及旗衆人等商議妥協願將該旗東界閑荒一段北至茂土等山南至得力四台巴冷西拉等處南北長三百六十里東西寬四十里劃作出放荒界約計毛荒六十四萬八千晌其中有台壯廬墓垣寝等項留界仍在該旗南段閑荒添補足數遵照歷辦成案將所收荒價以一半報效

國家等情並據扎薩克和碩圖什業圖親王業喜海順出具印文呈請前來　查實邊固圉利用厚生以出放蒙荒為上策况泰西各國富强之圖亦莫不以闢土殖民為第一要務該親王業喜海順並旗衆人等

願將本旗東段閑荒由官派員丈放收價招墾實屬
深明大義該旗坐落奉天省北東與扎薩克圖王旗
接界西南與達爾罕王旗接界北與烏主穆沁王旗
接界地方荒僻亟應遴員丈放以實邊徼留奉補用
道張心田前辦扎薩克圖王旗鎮國公旗蒙荒辦理
頗稱得力應即派為該行局總辦飭令先赴該旗劃
定界址一面派員分設局所擇期開辦一切章程按
照前辦扎薩克圖成案辦理如有應行變通之處再
行查酌情形隨時奏請立案此外如查有可以開放
之處亦即陸續派員分別勸辦除分咨查照外所有
籌開蒙旗荒地援案派員收價丈放緣由理合恭摺

具陳伏乞
皇太后
皇上聖鑒訓示謹
奏

再查蒙古各旗自庚子以來列强環伺現籌未雨綢繆之策惟有將各旗荒地次第開墾增設民官藉圖補救留奉補用道張心田於蒙地情形最為熟悉歷辦扎薩克圖王旗鎮國公旗各荒頗稱得力此次勸開圖什業圖荒地該旗人等始甚疑阻經該道感以
國恩曉以大義惕以時勢開誠布公剴切勸導方能就範　現在奏請飭派該員前往丈放惟蒙旗風氣未

開識見狹隘台吉人等自以品位崇高於外來人員
常多藐視辦理一切諸形棘手該員本係卓著勞績
合無仰懇
天恩將留奉補用道張心田
賞加二品銜俾蒙旗人等知所尊重於籌辦墾務殊有裨
益是否有當理合附片具陳伏乞
聖鑒訓示謹
奏

恭錄札飭事照得本軍督部堂於光緒三十二年正
月二十日具
奏為遵
旨籌辦蒙荒現將圖什業圖地方勸辦就緒請援案派員
收價丈放等因一摺當經抄奏飭知在案茲於二月
初八日奉到
硃批着照所請該衙門知道欽此除欽遵並分行外合行
恭錄札仰該局即便欽遵特札
右札札薩克鎮國公旗蒙荒行局准此
光緒三十二年二月十二日

札飭事照得本軍督部堂前以籌辦蒙荒現將圖什
業圖地方勸辦就緒請派員收價丈放等情當經奏
奉
硃批照准在案自應派員前往辦理查有花翎留奉補用
道張道心田熟悉情形堪以派為該行局總辦並刊
就木質關防一顆文曰奏辦圖什業圖王旗蒙荒行
局關防隨文飭發以昭信守其一切應辦事宜即仿
照札薩克圖蒙荒章程辦理如有應行變通之處亦
即酌量擬定呈候核奪務期盡善無弊是為至要除
分行外合行札飭札到該局即便遵照特札

右札辦理科爾沁扎薩克鎮國公旗蒙荒行局准此

光緒三十二年二月十二日

札飭事照得本軍督部堂於光緒三十一年十二月
十四日具
奏為奉天籌辦善後事宜漸有成效數端大概情形一
摺於十二月三十日奉到
硃批着即認真籌辦切實經理務收成效欽此除分行外
合行黏刷原奏恭錄
硃批札飭札到該局即便知照此札
計黏刷印原奏一紙

右札蒙荒墾務行局准此

奏為籌辦奉天善後事宜謹將可冀成效者數端漸有
端緒者數端正在籌議整頓擴充者數端大概情形
恭摺具陳仰祈
聖鑒事竊查奉省自甲午多事以來官詘於交涉而內政
不修民苦於兵戎而本業坐廢旗蒙凋瘵盜賊雜糅
受病之深既危且迫　渥蒙
恩遇畀以事權受任數月以來憂懼輒廢寢食伏思以積
弱難為之地為兩雄爭勝之場若束手待時則振興
無日若任情施設則牽掣橫生不得不審度重輕分
別先後擇其不駭民聽無礙邦交者逐漸舉辦現幸

日俄和議告成事局漸臻安定茲就已辦各事為我
皇太后
皇上試約略陳之一曰稅務奉省釐抽數甚輕而名目極雜如牛馬土葯鹽酒等等向例視為優差任意侵蝕考覈極疏甚至不繳聯票莫可根究自夏間整頓首重得人次改章法宗旨在不加商民剔除中飽行之數月統覈通省收數盈絀牽計幾於加往年一倍一曰荒政奉省土厚民良每遇偏災向係格外蠲恤惟近年戰地左近受害較深前曾奏明廣辦冬賑近日籌計各屬放給棉衣糧石及粥廠資遣各務均已完備現已籌及明年正二三月各路春賑及散放牛隻

耔種酌籌燬屋價值各款均已備齊一曰學務省城近年雖設有學堂終以民智未開學費難集未能收效　此次抵奉以廣立小學為宗旨現計省城已立警務學陸軍小學師範學普通學中小學蒙學旗學女學半夜半日學堂數十處省外各屬如奉錦新昌各府所屬所立學堂多略具規模尚稱合格此外各屬報立學堂者亦復不少已分派委員前往各屬有學堂者詳加考驗無者分別催辦勸辦新任東三省學臣李家駒現已到任熟諳學務攷究精勤將來必可庠序日增啓迪日廣一曰警務衛民之政首重警察惟創辦之初求效頗苦蓋民智未開難於約束地

面未交難於擴充商賈不盛難於籌費於是不惜鉅款於警務學堂內多挑學生堅定舉辦由城而鄉推行各屬并飭衛生所籌備醫葯購製各種車輛馬騾以清街道近幸省城商民咸知受益四鄉各鎮一律風從昨又飭購槍械以後警丁軍容當益壯盛一曰緝捕奉省鬍匪糅於農民剿之則似無大股稍懈則竄處擾民更值和議未定之際既不便旦暮練兵又豈望朝夕盡賊不得已於現有之隊授以方略獎以重資探其已聚集之處迅即掃滅其餘零星則責成州縣巡警隨時捕捉現於北路昌洮一帶無外兵駐紮之所節次痛剿總不使賊有大股聯絡商路已漸

通暢仍飭管隊刻刻警備以上數端皆可冀成效者也奉省吏治近年外牽交涉之難内苦攤捐支應之鉅積漸成習爲牧令者謹慎自持已稱罕覯盡心民事更屬難求竊維參劾所以治標裁攤捐加津貼省供支者所以治本奉治利弊必須合本末兼治前次嚴劾之後寮吏風尚已漸轉移刻又趕辦裁攤捐各事以蘇官累其他禁門丁禁私押積案皆不時明查暗訪以袪積習察看情形各地方官迫於稽考之嚴仍已漸趨整飭仍當嚴加繩督如查有敗檢不職者即應隨時嚴參不敢稍涉寬縱直隸所辦法政學堂所以造就通達吏才亦飭仿照開辦營務積弊亦

深幾致難於收拾數月以來先將舊有防勇設法歸併畫分八路每路五營慎選營員籌加餉項如朱慶瀾吳俊陞等所統營隊尚稱竭力剿賊此外各營亦漸知軍律不致如前之擾民庇匪肆無忌憚以上數端皆辦理略有端緒者也至整理諸務首在更定官制現已參酌中外辦法併飭議曾廣銓條陳擬設二三四品次官數員分判諸局而滙總於軍督公署地方官則令盡心裁判其巡警糧税則別設專員外商諸事則分立諸曹寓鄉社於巡警選士商而講議總期使民職以分而舉民治以漸而修開導士紳使知新政培護商富使知

德意庶可破從前之窠臼新以後之規模惟肇端宏大
條目繁多容當詳酌妥籌再行具奏保商之政現籌
辦者如開設官銀號以維圜法考求漁業以固海權
修築省城馬路電燈以便商旅又如輪船亦輸運之
大端奉省以外海言則有營口大東溝諸商埠以内
河言則有遼河嫩江諸巨川擬合官商之力設立輪
船公司駛行外海内河以興航業現已博加考察廣
勸商富一俟議有端倪即當迅速開辦農墾為本利
大端業將清理内地墾務勘放蒙荒振興農政辦法
另行奏報徵兵一事最關重要奉省民風强勁不患
無可徵之兵現雖未便即時徵練業飭於各屬舉辦

鄉鎮巡警多挑本籍壯丁約以練兵新格屆時舉辦即可按籍徵選成軍不難又奉省旂丁均屬土著將來亦須按格編練以振戎備以上數端皆正在籌議整頓擴充者也奉省款項過絀局勢過艱　惟有因時因地黽勉以圖其立有基礎者固當克竟前功其稍涉煩難者亦必堅忍求濟冀以仰紓

朝廷東顧之廑所有籌辦善後各事宜大槩情形理合

恭摺具陳伏乞

皇太后

皇上聖鑒訓示謹

奏

咨 督憲具奏籌辦奉省墾務奉到 硃批由

咨行事光緒三十一年十二月二十六日奉
軍督憲札開為恭錄札飭事照得本軍督部堂於光
緒三十一年十二月初七日具
奏為籌辦奉省墾務敬陳辦理大概併勘放蒙荒振興
農政情形等因一摺當經抄奏飭知在案茲於十二
月二十三日奉到
硃批着即認真辦理以期漸收實效欽此除欽遵並分行
外合行恭錄札仰該局即便欽遵特札等因奉此查
此案前蒙
督憲抄奏飭知業經敝局分別咨行遵照在案茲奉

前因除欽遵並分別咨行外相應咨會
貴局煩即查照分飭所屬一體欽遵施行須至咨者
右　　　　　　　　咨
科爾沁扎薩克圖鎮國公旂蒙荒行局
光緒三十二年正月十一日

奏為籌辦奉省墾務敬陳辦理大概併勘放蒙荒振興
農政情形恭摺仰祈
聖鑒事本年十一月二十日欽奉電傳
諭旨奉天墾務事宜著趙爾巽妥籌辦理等因欽此遵將
接管墾務日期電奏在案查擴興本利必以農墾為
大端奉省近年内則辦大凌河東西流水諸荒外則
辦科爾沁扎薩克圖鎮國公兩蒙荒非特荒租等項
供救匱之急需且殖民實邊尤固圉之長策前墾務
大臣廷杰擬辦清理地畝及丈放錦州河淤等地二
十二處均經先後會同奏邀

聖鑒　現將奉省墾務通籌辦法一曰先辦錦屬官莊奉省現墾各項地畝有隸圍牧者有係王公勳舊莊廠者有係八旗官地及民人產業者

國初撥放多崇寬大後來佔闢輾轉日多現欲一律清釐斷非急切所能竣事且官中文册經廷杰前調查京外各署者尚未齊全民間契據文憑更多散失迷幻惟廷杰前奏戶部内務府莊頭等地積弊日深自應及早清釐以裕經賦現清釐各項地畝即先從此入手一切辦法如有應按原奏酌量變通者隨時奏咨辦理俟該處管糧莊頭等地辦清再推及他處一曰丈放錦屬海退河淤及各處滋生地畝　前已會

同廷杰將該二十二處奏請全數丈放以杜侵欺而恤兵艱數月以來各委員繩丈所報尚不及十分之一擬飭趕於明年春耕以前逐一丈清以正經界而濬餉源此外如查有各處滋生荒熟之地亦飭一律丈辦一曰勘辦蒙荒奉天蒙荒除已放各旗外未放之以科爾沁右翼圖什業圖旗為最鉅　於九月間即飭前辦扎薩克圖等旗蒙荒之道員張心田馳往該旗妥為勸辦現據報該旗親王業喜海順協理印務台吉德里克尼瑪率同全旗官員等願將東界閒荒出放北自茂改吐等山南至德勒四台巴冷西拉等處南北長三百六十里東西寬一百四十里計得

毛荒六十四萬八千晌現議富強蒙部自必以放荒為先而各旗台壯向食其利者又多搖惑各王公以阻撓放荒為得計該蒙旗經　勸諭開導即肯呈報大段閑荒為各旗提倡允稱忠於為國　已札行嘉勉擬另行具奏請

旨獎勵併將丈放該荒詳細章程分別奏咨其由遼源州至新設洮南府界中更科爾沁左翼達爾罕王旂地二百餘里皆係荒地並無旅店民戶於接遞文報查緝盜賊惠恤商旅均多阻碍擬飭該旂將此段荒地報放或酌放道旁站地期以聯昌洮之形勢收戢匪安民之效扎薩克圖旂亦查有可續放荒段他若傳

多勒噶台各王旂併飭查明如有閑荒分別勸辦以濬利源一曰振興農政奉省天府上腴內地北省多有不及而治田無法穰歉聽天坐擁東西遼河大淩河諸川竟無涓滴水利竊謂如採用各國機器治田及內地引渠灌地諸法相度土宜加意經理總可使收穫加豐旱荒有備現已派委妥員隨同出洋考察政治大臣於赴歐美之便詢訪農功攷查機器以資試驗併飭各屬先就小河枝水試辦鑿渠諸法統俟辦理有效再行上陳現在時局日艱民生重困圖富之計切於圖强就奉事論農墾諸端尤為當務之急

惟有詳加體察殫力經營冀獲得尺得寸之功上副

朝廷重農利民之本意所有籌辦大概情形理合恭摺
具陳伏乞
皇太后
皇上聖鑒示訓謹
奏

稟為遵札議覆郭爾羅斯台吉通匪等情妥擬辦法由

軍督部堂趙為札飭事案據試辦安廣縣設治委員孫守自鎔稟稱敬稟者天德達五城等股賊雖經擊散遺屍沿途而大小頭目十八名除大青衣青林二名擊斃外未知有無在遺屍之內者莫由辨認現又據報有綽號單闖穿地能者分幫竄擾來去飈忽游擊俄兵暨卑縣巡查之隊每聞賊耗馳至即不見蹤影往往兵來賊去兵去賊來積賊伎倆狡猾已極然遠不出西至達爾罕近不出南之鄂爾羅斯東之札賚特為奔匿淵藪此三蒙荒如達爾罕鄂爾羅斯未放者若不速放

札賚特已放未竣者若不及時報竣徹特卑縣無安堵之一日恐洮南一府三縣將長同域外之鄉前馬賊客軍交相爲患比客軍之患稍減而馬賊之患轉深凡大小車往還遼源州新城卜魁非結伴數十護兵數十無敢首途墾户居者既有戒心行者益形裹足千里間上下公文亦動閲數旬不能達辦理農務商務移種運貨一切興利要政諸多窒碍皆該荒荒集盗有以阻之夫止沸必先抽薪救汎必急决壅該三蒙荒皆羣賊之薪與壅也闢其土而實以良善分其疆而治以官司並認真查户口編保甲使賊無可隱藏無可捐搶之地是即抽薪决壅之法無論賊如

何狡猾久當不戢自清矣上月卑職在洮郡與張道心田嘗晤談及此張道云業經懇切具稟伏乞憲台亟商吉林黑龍江兩省將軍早為之謀居民幸甚商旅幸甚又查鄂爾羅斯台吉圖們圖胎木太等通賊圖肥外匪土匪均倚該台吉等為奥援平日專接濟匪黨子彈諸匪見仗即奔彼處携取匪語謂之上材料附近蒙人衆口一詞必有確據且該台吉等初八夜帶通事向俄弁為賊緩頰阻兵追擊其通匪無疑胎木太復帶蒙兵領俄兵至卑縣班家窩棚團練會搜括練勇槍彈指為土匪經卑職與俄弁拉地少夫力爭始將練勇槍彈交還當查尚短快槍洋炮四杆

子彈二千餘顆並槍去該練長王占東及屯民寶銀一大錠銀洋錢帖二百餘吊首飾衣物八十餘件詢之俄弁云有蒙兵在内俄兵均未見各物則俄兵所為亦該台吉嗾使無疑該台吉等偪處南鄰實為地方巨害一日不除地方即一日不獲安静惟事屬蒙藩又係隔省究辦似非容易擬設法相機捕治以祛民患而快衆心合併稟明伏乞核示遵行等情據此除批示另稟所陳台吉情形實屬窮凶極惡惟事屬蒙藩且係隔省勸辦誠非容易究應如何辦理仰候札飭張道心田妥議辦法詳覆核奪再行飭遵外合行札仰該道即便遵照特札

右札蒙荒行局總辦張道心田准此

光緒三十二年正月十五日

全銜　謹

禀

督憲將軍麾下敬禀者竊職道接奉

憲札內開試辦安廣縣設治委員孫丞自鎔禀稱郭爾羅斯台吉圖們圖胎木太等通賊接濟子彈並入安廣界內搜括財物情事業飭職道妥議辦法詳覆核奪等因奉此查郭爾羅斯蒙旗台吉圖們圖胎木太等假託立會暗通盜匪遇有行人被刦而往求該台吉關說卽能將原物擲還職道向在公旗荒界卽聞

其事此次該丞復稟報該台吉等如此行爲其爲通匪諒無疑義向來官軍在蒙地拿賊如經供扳某蒙丁係夥係窩或在某蒙人院内緝獲真盜並起有贓物情形確實者皆由原拏官兵將牽涉之蒙人一逕嚴拿解究此三省辦盜通例毋庸關會該旗設該蒙寔有冤抑自可由該旗備咨聲敘候訊明或辦或釋再覆飭知照奉省管轄哲里木盟十旗尤非他處可比雖事涉蒙藩又係隔省辦理亦無窒礙惟查此案接濟軍火通匪嗾俄等事僅屬得之傳聞而摟括班家窩堡槍彈與搶王占東及屯民寶銀洋元衣飾各物又未抄送事主控呈失單與有真盜供扳並起有

贓物情形確實者有間自未便派隊逕行拿辦然既
有搶掠之事而被事者又可指其主名關係民生安
危亦斷難稍事姑容該旗既署盟長擬請
憲台一面咨行該盟長公請其迅提該台吉圖們圖胎
木太等到府一面飭下洮南府轉飭安廣縣取具被
擾地方鄉民切結並事主被搶控呈申由該府備文
赴公府關提該犯等到署秉公詳訊不得稍有偏倚
致令該旗有所藉口如此辦理庶足以服蒙情而安
地面所有 職道遵擬辦法緣由是否有當理合肅稟
具陳須至稟者
光緒三十二年正月二十日

批呈悉所擬辦法尚屬可行仰候咨行該盟長迅提該
台吉送交洮南府轉飭安廣縣傳集被害事主親提
研訊秉公詳辦並候飭洮南府遵照繳二十二日

札為准户部咨行令將地租基租升科年分仍酌中定擬聲覆由

札飭事案准

户部咨開山東司案呈本部會議覆

盛京將軍趙　奏鎮國公蒙旗墾務告竣每年應得地租基租歸該公等各半勻分等因一摺光緒三十二年三月二十四日具奏本日奉

旨依議欽此相應抄録原奏恭録

諭旨飛咨遵照可也等因准此除分行外合行抄單札仰該局遵照部指各節迅速查明聲覆以憑核咨毋延特札

計抄單一件

右札札薩克鎮國公旗蒙荒行局准此

光緒三十二年四月十五日

戶部等衙門謹

奏爲遵

旨議奏事内閣抄出

盛京將軍趙　奏鎮國公蒙旗墾務告竣該旗每年應得地租基租歸該公及台吉等各半自匀分等因附片一件光緒三十二年二月初二日奉

硃批該衙門議奏欽此欽遵到部據原奏内稱鎮國公蒙旗墾務業經告竣已奏設安廣縣以資制理所有該縣地畝歲徵租賦每晌收中錢六百六十文以二百四十文歸公以四百二十文歸蒙旗統照扎薩克圖

王旗成案辦理均經奏明在案該縣城鎮基各一處
共收基價銀五萬七千七百二十六兩此項前已奏
明全數撥給該鎮國公辦公之用其基租每年每丈
方徵租中錢三十文以十五文為設官經費十五文
為該旗應得之款至該旗每年每晌應得之地租中
錢四百二十文基租每丈方中錢十五文亦請援照
扎薩克圖王旗成案均以一半歸該鎮國公以一半
歸該台吉壯丁廟倉人等按户口數目均匀分給庶
可永免爭端應請
旨飭下理藩院迅速核議咨覆以便轉飭遵守該縣城鎮
基各地本係生荒仍請六年升科以示體卹等語户

部查前項地畝每晌收租錢六百六十文城鎮基每
方收租錢三十文核與辦過成案相符惟該蒙荒生
熟各地先後升科年分原奏未據聲敘應令查明開
單報部備核又城鎮基各地升科年限前
盛京將軍增　於大放扎薩克圖王旗街基地畝奏請
六年升科經臣部查以限期太寬行令另行酌中定
擬報部核辦在案今鎮國公旗城鎮基地與該王旗
街基地畝事同一律該將軍奏請六年升科臣部未
便議准應仍令酌中定擬報部核辦以昭畫一其所
稱基租徵款內以十五文為設官經費現在設官伊
始暫准照辦所需設官經費若干應並令迅即查明

報部此後仍照海龍城等處辦法將基租按年造報
存儲以示區別至稱該旗每年應得地租基租錢文
請照扎薩克圖王旗成案均以一半歸鎮國公以一
半歸該台吉等均匀分給一節理藩院查臣院則例
内開科爾沁左翼後扎薩克郡王旗昌圖額爾克地
方所開地畝每年徵收租息賞給該郡王一半其餘
一半照依郭爾羅斯旗種地之例合計該旗台吉官
員兵丁户口數目均匀賞給該扎薩克及該通判各
出具並無侵蝕甘結報院查核其已開四至之外不
准多開一畝久居之民外不准增居一民責成該將
軍盟長等一體遵辦等語今該將軍奏稱科爾沁鎮

國公旗荒段放竣援照扎薩克圖王旗成案勻分租
息數目臣等詳核與例相符自應准如所請所有臣
等遵議緣由理合恭摺具陳伏乞
皇太后
皇上聖鑒再此係户部主稿會同理藩院辦理合併聲明謹
奏

為戶部令將地基各租升科年分仍酌中定擬奏批咨請咨行由

奏辦奉天財政總局　為

咨行事光緒三十二年四月十五日奉

軍督憲札開為札飭事案准

戶部咨開山東司案呈本部會議覆

盛京將軍趙　奏鎮國公蒙旗墾務告竣每年應得地租基租歸該公等各半勻分等因一摺光緒三十二年三月二十四日具奏本日奉

旨依議欽此相應抄錄原奏恭錄

諭旨飛咨遵照可也等因准此除分行外合行抄單札仰

該局即便知照特札計抄單一件等因奉此查丈放

該公旗地畝升科年分及設官所需經費𢿙局並無
底案可稽自應咨行查覆再行核辦除分行外相應
抄單咨行
貴局煩即查照單開事理逐一查明分咨𢿙局以便
呈請咨覆須至咨者
右　　　　　　　　咨
扎薩克鎮國公旗蒙荒行局
光緒三十二年閏四月初二日

呈為遵　札查明部指各節據實聲覆恭請　鑒核由

前局銜　為呈咨覆事竊案查敝局於光緒三十二年閏四

月初六日奉

憲台札開案准戶部咨開山東司案呈本部會議覆

盛京將軍趙　奏鎮國公蒙旗墾務告竣每年應得地

租基租歸該公等各半勻分等因一摺光緒三十二

年三月二十四日具奏本日奉

旨依議欽此相應抄錄原奏恭錄

諭旨飛咨遵照可也等因准此除分行外合行抄單札仰

該局遵照部指各節迅速查明聲覆以憑核咨等因

奉此並准　貴總局咨同前因遵查部咨原奏內開

該蒙荒生熟各地先後升科年分原奏未據聲敘一節查職局出放鎮國公旗蒙荒係仿照扎薩克圖王旗放荒成案辦理熟地於丈放報竣之年起當年升科生荒由報竣之年起六年升科原定辦荒章程列在第一條內曾於光緒三十年二月二十八日經

前任軍督部堂增　奏請飭部立案查熟地生荒均於光緒三十一年冬季報竣則熟地即於三十一年升科生荒應於光緒三十六年升科現除生荒尚未屆升科年限無庸計及其熟地應於本年即三十一年升科一節曾由職敝局因荒價租賦並徵民力恐有未逮稟請緩至三十二年夏秋帶徵業蒙轉飭洮南

府札行安廣縣遵照在案此查明聲覆升科年限之
實在情形也部咨原奏又開城鎮基各地升科年限
應仍令酌中定擬一節查蒙荒距省千有餘里荒凉
沙漠夙鮮人煙放荒之始所以先行踋立城鎮基者
原擬安官設治逐漸招徠為將來地方繁盛地步不
但與舊有集鎮之處因繁改設者大相懸殊即與内
地所有閒荒地近通衢煙户環聚一經開闢設治商
民立即凑集者情形亦不相同即今洮南一府開通
靖安兩縣安官已經年餘僅府城為地方總滙現有
商民住户約占全城三分之一開靖兩縣商户半屬
初來轉瞬三十四年即應届升科之限修建固不易

齊至鎮國公旗荒段所跴城鎮基各一處安廣縣設治甫經半載不過僅有數户公營子鎮基未經建官仍係一片曠土至三十六年為升科之限恐亦未易一律修建也夫租從户出户尚未集租從何徵職敝局但司荒務目前遵奉部示不難酌中訂擬惟租賦攸關使訂以二三年三四年屆時仍未能全行徵收地方官將何所指手此基租升科年限難再酌中定擬之實在情形也至如部指基租徵款內以十五丈為設官經費所需設官經費若干並此後仍照海龍城等處辦法將基租按年造報存儲一節職敝局無案可查應請

憲台督憲飭查核辦所有遵查部指各節據實聲登覆之處

理合相應備文呈咨覆為此呈請合咨

憲台鑒核咨部貴總局請煩查照施行須至呈咨者

右　呈咨

軍督部堂趙

奏辦奉天財政總局

光緒三十二年閏四月二十二日

稟為職局司書弁兵等在次出力懇 恩准給咨獎外獎由

全銜 謹

稟

督憲將軍座前敬稟者竊職局荒務報竣所有在事出力

各員業經擇尤繕單呈請

保獎在案查其次出力司書弁兵等或在局書算或隨

起繩丈以及護局馬隊原借遼源巡隊並隨時調撥

洮南府巡隊屢經飭赴荒段與荒内團練會勇四出

剿賊均能勤奮當差不無微勞足錄今擇其堪列咨

獎者十一名堪列外獎者三十六名分別繕列清單

合無仰懇

恩施俯賜照准以示鼓勵之處出自
鈞裁所有職局其次出力司書弁兵等請獎緣由理合
肅稟具陳伏乞
鑒核
批示施行須至稟者
光緒三十二年正月二十日
計開
候選府經歷司事鍾永芳
五品頂戴司事周東傑
儘先選用府經歷貼書劉百齡
六品軍功司事張春田

六品軍功司事王儀清
六品軍功貼書龎蔭楨
六品軍功貼書恩　銘
六品軍功什長羅鍾麟
以上八名均請賞給五品藍翎
府經歷職銜貼書于桂榮
六品軍功什長周　喜
什　長　蔣向陽
藍　旗　徐維好
以上四名均請賞給六品藍翎
府經歷銜司事李懷珍
儘先選用縣丞司事董起業
儘先即選巡檢貼書李景芳

六品軍功貼書劉人浩

六品軍功貼書恩　蔭

什長　劉振元

什長　姚德全

六品軍功正兵佟德祥

王鳳林

于受才

什長　毛德太

什長　賈維翰

以上十二名均請賞給五品功牌

府經歷職銜貼書高淩喬

七品軍功佾生貼書李杏宴

七品軍功貼書趙傳賢
七品軍功貼書于慶瀾
七品軍功貼書田樹春
正兵張德
正兵王海山
正兵花連陞
正兵李鴻才
正兵鍾琨
正兵田治臣
正兵姜倫
以上十二名均請賞給六品功牌

計開

藍翎五品頂戴李廣才

六品軍功賈占一

藍翎五品頂戴方雲陞

藍翎五品頂戴姜顯昌

藍翎五品軍功舒永勝

藍翎五品軍功董廷漢

五品頂戴姜永德

五品軍功高景堂

六品軍功孫景海

五品軍功趙桂芝

藍翎五品頂戴魏德元

以上十一名擬請咨獎以外委儘先拔補

批

仰候分別咨部並發給功牌以示鼓勵繳單存　二十二日

稟為洮南府田守幫同照料局所請附案　核獎由

敬稟者竊　職　局設在洮南府街邊陲遠寄地曠兵單自春徂秋馬賊肆行竄擾不徒荒段難於繩丈即局所亦時切懸心春夏間　職道　駐荒半載經試辦洮南府設治事宜田守　顧全大局於保護局所等事無不竭力圖維幫同照料每聞荒段告急立刻派兵會勦頗壯聲援即　職　局所拿獲匪暨追比欠價各事移交該府悉能和衷共濟畛域無分查　職　道　等前辦札薩克圖荒事告竣署理遼源州知州蔣丞文熙因幫同

保護局所稟蒙

前任督憲增予以獎敘在案今田守 事同一律職道

等不敢没其勤勞可否附入公旗荒務案内仰邀

恩施從優獎勵之處出自

憲裁除附呈該守履歷一分外理合具稟伏候

核示遵行須至稟者

光緒三十一年十一月初四日

批仰候彙核辦理繳十六日

呈報領户報失信票查實補發取保存案由

全局銜　為呈報移行事竊案據領户鄒連財劉寬王德林吕

振祥等前後呈稱在公旗領買生熟荒地業已赴局

交價領取信票不意於八月間忽有鬍匪一百餘人

來住處肆行搜掠遂將小的信票搶去實出無奈是

以來局呈懇續發等情據此職道等敝局查核屬實當即

取具各該户切實圖書鋪保存局備案准其續領並

將原票牌示作廢補行掣發信票去訖除將領户失

落信票及職敝局補發信票花名號頭晌數開單外理相

合應備文呈報移行為此呈請合移

憲台鑒核伏乞

貴局請煩查照施行須至移者

照呈施行須至呈者

計呈清單一分

粘單一紙

右

呈

軍督部堂趙

光緒三十一年十月三十日

局銜

謹

今將各户被匪失落信票號次並內開生熟荒地晌畝數目以及由局補發信票號次開具清單

恭呈

請煩

鑒核

查照

計開

批呈悉領户鄒連財等丢失信票既據查明取具保結補發准予備案候飭洮南府知照繳單抄發初二日

照呈施行須至呈者

計呈清單一分
粘單一紙

右　呈

軍督部堂趙

光緒三十一年十月三十日

局銜　謹
今將各户被匪失落信票號次並內開生熟
荒地晌畝數目以及由局補發信票號次開具清單
恭呈
請煩
鑒核

查照

計開

批

呈悉領户鄒連財等丢失信票既據查明取具保結

補發准予備案候飭洮南府知照繳單抄發初二日

呈報領户劉振起等報失信票取保補發由

公旗局銜　為呈報咨行事竊案據領户劉振起劉成舉等呈稱前於公旗局内領得上等生荒熟地業已照章交價領票在案茲於光緒三十二年二月初十日突有鬍匪闖入民宅搶去箱物等件内有原領信票一併失落是以來局呈懇補領等情據此查職敝局謄存信票數目業經呈報在案傳訊該領户等被搶情形屬實當即取具商户切實圖書保條准其續領並將原票牌示作廢即由謄存票内補發止字信票兩張德字信票兩張飭領去訖茲將該領户等失落信票並補發信票號次晌數　繕單恭呈開單咨請

憲鑒
查核除咨呈報財政總局查照督憲鑒核外理合相應備文呈報咨行為此呈報合咨
憲台鑒核貴總局請煩查照施行須至咨呈者
附呈粘清單一分紙
右咨呈
軍督部堂趙
奏辦奉天財政總局
謹將職局補發信票暨領户失落原票號次晌數繕
具清單恭請
鑒核
計開

咨為領户劉振起等失落信票取保補發奉批轉咨由

奏辦奉天財政總局　為

咨行事光緒三十二年五月初八日奉

軍督憲批

貴局呈報領户劉振起等被盜失落信票取保補發

開單請查核緣由奉批據呈已悉仰財政總局移行

知照繳清單存等因奉此並准

貴局咨同前因相應咨行

貴局煩即查照須至咨者

右　　　　咨

科爾沁札薩克鎮國公旗蒙荒行局

光緒三十二年五月二十一日

鎮國公蒙荒案卷

卷三

呈為續解經費銀一百六十三兩五錢七分懇請飭收由

全銜為呈報事竊職
局銜為咨行事案照敝局現將經收經費續解省平銀
壹百陸拾叁兩伍錢柒分隨文呈送
憲
督轅應請
憲台
督憲飭員照數彈收理合備文具呈為此呈請
除呈請
憲台鑒核伏乞
督憲鑒核外相應備文咨行為此合咨
照呈批飭施行須至呈者
貴總局請煩查照施行須至咨者

右
呈
咨
軍督部堂趙
蒙荒行局
財政總局

光緒三十一年十二月十三日

呈為續解荒價正款銀貳萬零陸百肆拾兩懇請　飭收由

全銜為呈報事竊　職
局咨行事案照　敝
局現將經收荒價正款續解

瀋平銀貳萬零陸百肆拾兩整隨文呈送

憲
督轅應請

憲台
督憲飭員照數彈收除咨行財政總局暨蒙荒總局查照外理合
呈報　督憲鑒核　相應

備文具呈
咨行為此呈請
合咨

憲台鑒核伏乞　照呈批飭
貴總局請煩查照見覆　施行須至呈咨者

右呈
咨

將　軍　趙

蒙荒行局

財政總局

光緒三十一年十二月十四日

奏辦奉天財政總局　為
咨覆事光緒三十一年十二月十七日准
貴局咨開案照敝局現將經收經費續解瀋平銀一
百六十三兩五錢七分隨文呈送
督轅應請
督憲飭員照數彈收除呈請
督憲外相應備文咨行為此合咨
貴總局請煩查照施行等因准此查
貴局解送經費市平銀一百六十三兩五錢七分業
經敝局於本月十六日照數收訖除呈報外相應咨覆
貴局煩即查照須至咨者

右　　　　　　咨

科爾沁扎薩克蒙荒行局

光緒三十一年十二月二十四日

爲

奏辦奉天財政總局

咨覆事光緒三十一年十二月十七日准

貴局咨開案照敝局現將經收荒價正款續解省平

銀貳萬零陸百肆拾兩整隨文呈送

督轅應請

督憲飭員照數彈收除呈報

督憲鑒核外相應備文咨行爲此合咨

貴總局請煩查照見覆施行等因准此查貴局解送

荒價正款市平銀貳萬零陸百肆拾兩業經敝局於

本月十六日照數收訖除呈報外相應咨覆

貴局煩即查照須至咨者

右　咨

科爾沁札薩克蒙荒行局

光緒三十一年十二月二十五日

呈爲續支正價經費各款懇請備案由

全銜爲呈報事案照職局前將收支各款銀兩數目
局銜爲咨行事案查敝
造冊呈報在案現又由正價項下續支馬隊薪餉長
夫伙夫并旗幟號衣等項共計市平銀四千六百七
十五兩零八分零四毫又由經費項下續支局起轉
運薪水車價共計市平銀四千七百六十三兩四錢
二分二厘四毫八絲零六微二纖除造冊另外理
具報
合備文呈報爲此呈請
督憲鑒核外相應備文咨行爲此合咨
憲台鑒核伏乞
貴總局請煩查照施行須至咨者

右　呈
　　咨

軍督部堂趙

財政總局

光緒三十一年十二月二十七日

呈為造具收支各項銀兩清冊恭請鑒核由

全銜　為呈報（咨行）事竊職（業照敝）局自光緒三十年七月奉委之日起至三十一年十一月底止所有支放全荒上中下生熟荒地暨城基鎮基經收過正價經費庫平銀兩並職（敝）局由正價開支過護局馬隊薪餉由經費項下開支過薪水車價辦公心紅款酢犒賞各項銀兩分晰造具收支清冊並四柱總冊理合備文呈報（業經呈送）

督轅除呈報外相應咨行為此呈請（合咨）

憲台鑒核伏乞

貴總局請煩查照施行須至咨者

照呈施行須至呈者

附呈清冊四本總冊一本

右　　　　　　　　咨呈

軍督部堂趙

財政總局

光緒三十一年十二月二十七日

批呈悉仰候

奏咨核銷並候飭財政總局知照繳冊存送十二日

呈為冊報十二月分解支款目懇請備案由

全銜為呈報事竊職
局　為咨行事業照敝
局前將自光緒三十年七月

開辦起至三十一年十一月底止所有經收支銷各

款業已分晰造具清冊呈報督憲在案今將十二月

分解交正價銀兩並由正價經費項下續支銀兩各

數目除分晰造具四柱清冊除咨行財政總局查照
督憲鑒核
外理合
相應

備文呈報
咨行為此呈請
合咨

憲台鑒核伏乞照呈備案
貴總局請煩查照施行須至呈者
咨者

計附呈清冊一本

右呈
咨

軍督部堂趙

財政總局

光緒三十一年十二月二十八日

全銜　爲造送事謹將職局光緒三十一年十二月

分開除正價經費兩項下銀與實存銀兩各數目繕

造四柱總册恭呈

憲核須至册者

計開

舊管

一存正價庫平銀壹拾萬零零壹百柒拾玖兩壹錢壹

分陸厘伍毫貳絲柒忽壹微玖纖叁沙

一存經費庫平銀陸千貳百伍拾伍兩陸錢柒分叁厘

肆毫玖絲零壹微壹纖玖沙柒塵

新收無項

開除

一除解省正價庫平銀貳萬零陸百肆拾兩整

一除護局馬隊薪餉長伕夫旗幟號衣等項由正價項下補支過市平銀肆千陸百柒拾伍兩零捌分零肆毫

以上正價市平銀貳萬伍千叁百壹拾伍兩零捌分零肆毫按一零三二折合庫平銀貳萬肆千伍百叁拾兩零壹錢壹分陸厘陸毫陸絲陸忽柒微壹纖壹沙

一除局起轉運薪水車價由經費項下補支過市平銀肆千柒百陸拾叁兩肆錢貳分貳厘肆毫捌絲零陸微貳纖

以上經費市平銀肆千柒百陸拾叁兩肆錢貳分貳厘肆毫捌絲零陸微貳纖按一零三二折合庫平銀肆千陸百壹拾伍兩柒錢壹分玖厘肆毫伍絲柒忽玖微陸纖捌沙伍塵

實在

一存正價庫平銀柒萬伍千陸百肆拾捌兩玖錢玖分玖厘捌毫陸絲零肆微捌纖貳沙

一存經費庫平銀壹千陸百叁拾玖兩玖錢伍分肆厘零叁絲貳忽壹微伍纖壹沙貳塵

呈為冊報各項餘款懇請 備案由

全衙為呈報事竊 職
局衙為咨行事案照 敝局曾將正價經費各款分晰
造具四柱清冊先後呈報督憲在案現值清釐款目
之際所有局中各項餘款暨蒙旗應分餘款亦應分
晰造具四柱清冊呈請 送鑒核 督轅除此來省報竣當蒙
憲台 督憲准給津貼辦公伙食等費請俟竣事後再由此
項餘款內核實開銷並呈 咨行財政總局查照 報外理合 相應備文
呈報 咨行為此呈請 合咨
憲台鑒核伏乞照呈 貴總局請煩查照施行須至呈者 咨者

附呈清冊一本

右

呈 咨

軍督部堂趙

財政總局

光緒三十一年十二月二十八日

全銜　為造送事謹將職局各項餘款與蒙旗應得
餘款分晰造具四柱清冊恭呈
憲核須至冊者
計開
舊管無項
新收
一蒙旗應存城鎮街基正價八厘平餘市平銀四百六十一兩八錢零八厘
一蒙旗應分荒地正價八厘平餘市平銀一千二百六十九兩一錢零五厘零八絲七忽八微六纖
一局存城鎮街基經費八厘平餘市平銀六十九兩二

錢七分一厘二毫

一局存生熟荒正價八厘平餘市平銀一千三百零八兩一錢四分九厘五毫八絲四忽

一局存生熟荒經費八厘平餘市平銀三百九十二兩四錢四分四厘八毫七絲五忽二微

一局存領户報効鎮基三處共市平銀一千五百兩整

一局存解款運費除支賸存市平銀一千二百零九兩三錢三分三厘二毫

一局存核銷局起並轉運薪水車價計共長銷市平銀四千七百六十三兩四錢二分二厘四毫八絲零六微二纖

一局存核銷馬隊薪餉並長伕夫旗幟號衣等項計共長銷市平銀四千六百七十五兩零八分零四毫

一局存馬隊薪餉八厘平餘市平銀二十兩零九錢二分四厘零二絲九忽四微八纖

一局存核銷馬隊薪餉八厘平餘市平銀一十八兩一錢二分零四毫六絲六忽六微六纖六沙

一局存截留行局總幫辦薪水曠銀二千九百五十兩整

以上共市平銀一萬八千六百三十七兩六錢五分玖厘三毫二絲三忽八微二纖六沙

一局存城鎮街基票費中錢一千九百二十四吊二百文

一局存生熟荒票費中錢五千零七十吊零六百三十二文

以上共中錢六千九百九十四吊八百三十二文

開除

一除撥補公旗前支過市平銀一千三百三十七兩五錢

一除撥補行局辦公實虧市平銀一千二百兩整

一除補發行局來幫辦薪水銀一百五十兩整

以上共除市平銀二千六百八十七兩五錢

一除兩次派員赴省承領信票川資車脚中錢三百七十四吊

一除買裝信票大皮箱二支共中錢五十二吊六百文

以上共除中錢四百二十六吊六百文

實在

一蒙旗實存市平銀一千七百三十兩零九錢一分三
釐零八絲七忽八微六纖
一局存市平銀一萬四千二百一十九兩二錢四分六
釐二毫三絲五忽九微六纖六沙
一局存中錢六千五百六十八吊二百三十二文

呈為國家與蒙旗應分荒款造冊請核由

單銜為呈報竊查職
局咨行事案照敝局經收各等荒款當將開除
與實存各款數目彙造四柱清冊前後呈報督憲在
案惟查此項荒款有報効
國家者有蒙旗應得者值此歸結之際自應遵照劃清
以便各歸各款並將開除與實存數目分晰造具清
俾免轇轕除咨行財政總局查照外理合備文呈報為此呈請
冊呈送督轅呈報相應咨行咨
憲台鑒核伏乞照呈
貴總局請煩查照施行須至呈咨者

附呈清冊二本

右 呈咨

軍督部堂趙

財政總局

光緒三十一年十二月二十八日

全銜　爲造送事謹將　職局經收報効國家荒款數
目並開除與實存銀兩各數目繕造四柱清冊恭呈
鑒核須至册者
　計開
舊管無項
新收
一收生熟荒正價庫平銀叁拾貳萬柒千零叁拾柒兩
　叁錢玖分陸厘内除馬隊薪餉銀玖千柒百陸拾
　壹兩壹錢貳分肆厘零叁絲壹忽賸銀叁拾壹萬
　柒千貳百柒拾陸兩貳錢柒分壹厘玖毫陸絲玖
　忽應報効國家一半銀壹拾伍萬捌千陸百叁拾

捌兩壹錢叁分伍厘玖毫捌絲肆忽伍微

一收城鎮基經費庫平銀捌千陸百伍拾捌兩玖錢

一收生熟荒經費庫平銀肆萬玖千零伍拾伍兩陸錢

零玖厘肆毫

以上共正價庫平銀壹拾伍萬捌千陸百叁拾

捌兩壹錢叁分伍厘玖毫捌絲肆忽伍微

共經費庫平銀伍萬柒千柒百壹拾肆兩伍錢

零玖厘肆毫

開除

一除解省正價市平銀柒萬貳千壹百捌拾壹兩陸錢

陸分

一除撥洮南府城工由正價項下支過市平銀貳萬兩
一除撥洮南府辦公由正價項下支過市平銀貳萬兩
一除撥公旗印軍二員由正價項下支過市平銀壹萬
伍千兩整
一除十二月分解省正價市平銀貳萬零陸百肆拾兩
以上正價市平銀壹拾肆萬柒千捌百貳拾壹
兩陸錢陸分按一零三二折合庫平銀壹拾
肆萬叁千貳百叁拾捌兩零四分貳厘陸毫
叁絲五忽陸微玖纖五沙
一除解省經費市平銀陸千陸百陸拾叁兩五錢柒分
一除行局總會幫辦員司書差薪水車價辦公心紅房租馬

撥津貼運費子母鋪墊款酢郵賞等項由經費項下支過市平銀肆萬陸千肆百肆拾壹兩玖錢肆分捌厘陸毫伍絲玖忽

一除局起員司轉運薪水車價等項由經費項下補支過市平銀肆千柒百陸拾叁兩肆錢貳分貳厘肆毫捌絲零陸微貳纖

以上經費市平銀五萬柒千捌百陸拾捌兩玖錢肆分壹厘壹毫叁絲玖忽陸微貳纖按一零三二折合庫平銀伍萬陸千零柒拾肆兩伍錢伍分伍厘叁毫陸絲柒忽捌微肆纖捌沙捌塵

實在

一存正價庫平銀壹萬伍千肆百兩零零零玖分叁厘
　叁毫肆絲捌忽捌微伍纖
一存經費庫平銀壹千陸百叁拾玖兩玖錢伍分肆厘
　零叁絲貳忽壹微伍纖壹沙貳塵

全銜　為造送事謹將蒙旗應分荒款各數目並開
除與實存各數目繕造四柱清冊恭呈
鑒核須至冊者
舊管無項
新收
一收生熟荒正價庫平銀叁拾貳萬柒千零叁拾柒兩
叁錢玖分陸厘內除馬隊薪餉銀玖千柒百陸拾
壹兩壹錢貳分肆厘零叁絲壹忽賸銀叁拾壹萬
柒千貳百柒拾陸兩貳錢柒分壹厘玖毫陸絲玖
忽蒙旗應分一半銀壹拾伍萬捌千陸百叁拾捌
兩壹錢叁分伍厘玖毫捌絲肆忽伍微

一收城鎮基正價庫平銀伍萬柒千柒百貳拾陸兩整
以上共正價庫平銀貳拾壹萬陸千叁百陸拾肆
兩壹錢叁分伍厘玖毫捌絲肆忽伍微

開除

一除蒙公支用過市平銀壹拾伍萬伍千壹百壹拾兩
零玖錢壹分陸厘捌毫壹絲陸忽
一除蒙旗架杆尺二員支用過市平銀貳千兩整
一除蒙旗梅倫三員支用過市平銀叁千兩整
一除蒙旗印房書手等支用過市平銀壹千兩整
以上共市平銀壹拾陸萬壹千壹百壹拾兩零
玖錢壹分陸厘捌毫壹絲陸忽按一零三二

折合庫平銀壹拾伍萬陸千壹百壹拾伍兩貳
錢貳分玖厘肆毫柒絲貳忽捌微陸纖捌沙

實在

一存庫平銀陸萬零貳百肆拾捌兩玖錢零陸厘伍毫
壹絲壹忽陸微叁纖貳沙

批呈悉仰候

奏咨並飭財政總局知照繳冊存送十二日

呈為續解荒價正款銀一萬二千三百捌拾四兩懇請飭收由

（全/局）銜為（呈報/咨行）事竊職（案照敝）局前於呈請移交關防文內擬

將欠解

國家應分正雜各款分開印後并二月初間兩次交清

當經呈報蒙

（憲台/督憲）批飭在案茲屆開印後正應解交之期遂於經

收正款項下撥解省平銀壹萬貳千叁百捌拾肆兩

隨文呈送應請

（憲台/督憲）飭員照數彈收除咨行財政總局查照（呈報督憲鑒核）外（理合備文呈報/相應備文咨行）為

此（呈請/合咨）

（憲台鑒核伏乞批飭/貴總局請煩查照見覆）施行須至（呈/咨）者

附呈銀條六紙

右　　呈
　　　咨

軍督部堂趙

財政總局

光緒三十二年正月二十五日

奏辦奉天財政總局　為
咨行事光緒三十二年正月十五日奉
軍督憲批
貴局呈報在正價經費銀内續支馬隊薪餉旗幟號
衣並轉運薪水車價等項請查核緣由奉批如呈備
案仰財政總局知照繳等因奉此查
貴局馬隊薪餉並局起薪水每月額支若干所云轉
運車價係因何項轉運動支本局開辦伊始無卷可
查應請自開辦起至三十一年年底止所有收過正
價經費及動支各款逐一造冊移知並將原定章程
照錄同送以備查核相應咨行

貴局煩即查照辦理幸勿遲延切速施行須至咨者

右　　　　　　　　　　咨

科爾沁扎薩克鎮國公旗蒙荒行局

光緒三十二年正月二十一日

奏辦奉天財政總局　為
咨行事光緒三十二年正月十四日奉
軍督憲批
貴局呈報光緒三十一年十二月分解交正價並續
支銀兩造具四柱清冊請查核緣由奉批如呈備案
仰財政總局知照繳等因奉此並准
貴局咨同前因查
貴局自開辦起至三十一年十一月底止經收支銷
各款敝局無案可稽應請查明底案將每月呈報清
冊照錄一分補送敝局以備查核相應咨行
貴局煩即查照辦理幸勿稍延須至咨者

右　　　　　　　　咨

科爾沁扎薩克鎮國公旗蒙荒行局

光緒三十二年正月二十二日

奏辦奉天財政總局　為

咨行事光緒三十二年正月初三日奉

軍督憲批

貴局呈報清釐局中各項餘款並蒙旗應分餘款造

具清冊請查核緣由奉批據呈已悉仰財政總局知

照繳冊存等因奉此並准

貴局咨同前因查前項清冊

貴局並未隨文移送應請查照底案照錄一分補送

敝局以備查核相應咨行

貴局煩即查照辦理須至咨者

右

咨

科爾沁扎薩克鎮國公蒙荒行局

光緒三十二年正月二十二日

奏辦奉天財政總局　為
咨行事光緒三十二年正月二十六日奉
軍督憲批
貴局呈解經收荒價正款瀋市平銀一萬二千三百
八十四兩請查收緣由奉批仰財政總局核收彙報
銀條六紙併發繳等因奉此並准
貴局咨同前因查前項銀兩業於正月二十五日蒙
軍督憲於
貴局投文時飭發敝局照數收訖在案除申覆外相
應咨覆
貴局煩即查照須至咨者

右　　　　　　　咨

科爾沁扎薩克蒙荒行局

光緒三十二年二月十六日

奏辦奉天財政總局　為

咨行事光緒三十二年正月初三日准

貴局咨開為咨行事案照敝局經收各等荒款當將

開除與實存各款數目彙造四柱清冊前後呈報

督憲在案惟查此項荒款有報効

國家者有蒙旗應得者值此歸結之際自應遵照劃清

以便各歸各款並將開除與實存數目分晰造具清

冊呈送

督轅除呈報外相應備文咨行為此合咨貴總局請

煩查照等因准此查

貴局經收荒價並動支與實存各數目並未造冊移

送敝局無憑查核相應咨行
貴局煩即查照將前項清册尅日補造送局以憑核
辦須至咨者
右　　　　咨
科爾沁扎薩克鎮國公旗蒙荒行局
光緒三十二年二月二十五日

奏辦奉天財政總局　為
咨行事光緒三十二年正月初三日准
貴局咨開為咨行事案照敝局自光緒三十年七月
奉委之日起至三十一年十一月底止所有丈放全
荒上中下生熟荒地暨城基鎮基經收過正價經費
庫平銀兩並敝局由正價項下開支過護局馬隊薪
餉由經費項下開支過薪水車價辦公心紅款酢犒
賞各項銀兩均已分晰造具收支清冊並四柱總冊
業經呈送
督轅除呈報外相應咨行為此合咨貴總局請煩查
照等因准此查

貴局經收全荒並城鎮地基正價經費以及開支薪
餉等項各計若干未准分項造册移送敝局無憑查
核相應咨行
貴局煩即查照將前項清册尅日補造送局以憑核
辦須至咨者

右　　　　　　　　　　　　咨

科爾沁扎薩克鎮國公旗蒙荒行局

光緒三十二年二月二十五日

呈為全荒丈竣具報荒地街基晌畝丈數暨經收正價經費銀兩數目由

全銜為呈送事竊職道等勘放扎薩克鎮國公旂全荒現已一律絕丈完竣計共丈放各項荒地肆拾陸萬壹仟捌佰陸拾玖晌壹畝貳分內除公旂暨台壯各項留界官留義地土坑量予扣除沙堿水窪不可墾等項毛荒貳拾貳萬零肆佰壹拾晌零肆畝貳分淨放毛荒貳拾肆萬壹仟肆佰伍拾捌晌柒畝計七成實荒拾陸萬玖仟零貳拾壹晌零玖分按每上等實荒一晌收庫平銀肆兩肆錢中等實荒一晌收庫平銀貳兩肆錢下等實荒一晌收庫平銀壹兩肆錢共收庫平銀叁拾貳萬柒仟零叁拾柒兩叁錢玖分陸

厘又丈放城鎮基兩處計一百一十五萬四千五百
二十丈方按每丈見方收庫平銀伍分共收庫平銀
伍萬柒仟柒佰貳拾陸兩二項並隨收一五經費庫
平銀伍萬柒仟柒佰壹拾肆兩伍錢零玖厘貳毫統
共全荒收庫平銀肆拾肆萬貳仟肆佰柒拾柒兩玖
錢零伍厘肆毫除開銷款項另文具報外所有全荒
放竣挨號造錄關防毘連清册七本空白毘連清册
本魚鱗細圖　分荒地銀款表一分荒地銀款清
摺一扣理合備文呈送為此呈請
憲台察核伏乞照呈施行須至呈者
右　　呈

軍督部堂趙

計送

關防毘連清册七本　空白毘連清册　本

荒地銀款表一分　荒地銀款清摺　扣

魚鱗細圖　分

光緒三十一年十月三十日

謹將放過扎薩克鎮國公旗界上中下三等生熟荒
地及城鎮各基並收過價值銀兩各數目分晰繕具
清單恭呈
憲鑒
計開
生荒項下
一放過上等實荒二萬零八百九十六晌五畝四分每
晌收價銀四兩四錢共收庫平銀九萬一千九百四十四
兩七錢七分六厘
一放過中等實荒一萬七千零零三晌五畝六分每晌
收價銀二兩四錢共收庫平銀四萬零八百零八兩

五錢四分四厘

一放過下等實荒十一萬八千一百九十三晌七畝四分每晌收價銀一兩四錢共收庫平銀十六萬五千四百七十一兩二錢三分六厘

以上上中下三等共實荒十五萬六千零九十三晌八畝四分計共收庫平銀二十九萬八千二百二十四兩五錢五分六厘

熟地項下

一放過上等實地二千七百六十五晌九畝一分每晌收價銀四兩四錢共收庫平銀一萬二千一百七十兩零零零四厘

一放過中等實地二千四百一十六晌九畝六分每晌收價銀二兩四錢共收庫平銀五千八百兩零零七錢零零四厘

一放過下等實地七千七百四十四晌三畝八分每晌收價銀一兩四錢共收庫平銀一萬零八百四十二兩一錢三分二厘

以上上中下三等實地一萬二千九百二十七晌二畝五分計共收庫平銀二萬八千八百十二兩八錢四分

街基項下

一放過城基六十七萬二千一百二十丈方每丈見方收價銀五分共收庫平銀三萬三千六百零六兩

一放過鎮基四十八萬二千四百丈方每丈見方收價銀五分共收庫平銀二萬四千一百二十兩

以上二處共放城鎮基一百一十五萬四千五百
二十丈方共收庫平銀五萬七千七百二十六兩

無租項下

一上中下三等段内公旗暨台吉壯丁各項留界毛荒四
萬二千六百八十晌零零一分

一城鎮基附近官留義地土坑毛荒二百四十五晌零六分

一上中下三等各領户段内量予扣除沙城水窪不可墾
毛荒十七萬七千四百八十五晌三畝五分

以上三項計共無租毛荒二十二萬零四百一十晌零
四畝二分

一城鎮基内官留街道衙署廟宇垣壕基地計二十一萬

七千八百七十二丈方

全荒除各項無租地不計外共放有租生熟實地十六萬九千零二十一晌零九分收庫平價銀三十二萬七千零三十七兩三錢九分六厘共收有租街基一百一十五萬四千五百二十丈方收庫平價銀五萬七千七百二十六兩二項並隨收一五經費庫平銀五萬七千七百一十四兩五錢零九厘四毫統共收庫平銀四十四萬二千四百七十七兩九錢零五厘四毫

光緒三十一年十月　日

批稟摺圖表均悉全荒放竣大功告成蒙藩樂利之謀

國家安邊之策胥於是乎在自今翳始亟須推廣相助
為理端資豪傑若徒以加價報効變通章程歸美該
道等恐非該道等所樂受矣仰即將用過款項迅速
造册呈報以備
奏咨立案並候飭省局知照繳册摺圖表均存初十日

全局銜為呈報移行事竊職案照敝局前將護局馬隊移交安廣縣接收各情業經具報移行在案現在荒務以次清結僅尾欠及信票尚未發訖前經酌留收支管票二員貼書一名商由卑職鍾。敝會辦駐荒督同經理一面由職道心。敝總辦攜帶關防卷宗帳目圖册並酌帶辦事員書十三員名於十一月十五日一同啟程回省其餘員司書役一概裁撤惟職敝局遠在邊荒百物昂貴在事人等實屬清苦異常其暫留各員書既仍責以辦公未便任其枵腹其裁減銷差者亦應稍予餘資俾得回省故將局費薪工畧為展放以及馬隊薪餉統於十一月底截止於體恤之中仍示撙節之意至十一月以後所有留荒帶

省辦事各員書擬再隨時裁減如有應行津貼火食

以及辦銷支用心紅雜費擬於竣事時稟由

憲台督憲核示在於職敝局另籌餘款項下支給以省經費除

將留荒帶省辦事各員書開列清單並移行總局查照呈報督憲鑒核外

理合相應備文呈報移行為此呈請合移

憲台鑒核伏乞照呈貴局請煩查照施行須至呈移者

計呈粘清單一分紙

右呈移

軍督部堂趙

總　局

謹（今）將職（敝）局撤局後留荒帶省各員書銜姓員名開具清單呈請（請煩）

鑒核

查照

計開

一帶省辦事員書

幫稿委員林　豐一員

解運委員謝漢章一員

繪圖委員熊贊堯一員

差遣委員王英敏一員（辦收文）

辦事官榮　森一員

一留荒辦事員書

司事張毓華一員

司事梁國棟一員

司事王仁慧一員

貼書　三名

收支委員遲熙臧一員
管票委員郭桂五一員
貼書　　　　一名

光緒三十一年十一月十一日

批呈悉仰將應辦各事迅速清理完結以憑奏咨繳單
存　初二日

軍督部堂趙　為
札飭事照得本軍督部堂於光緒三十二年正月二
十日附
奏為丈放鎮國公蒙旗全荒告竣動支經費銀數隨案
造冊報銷並將餘銀撥歸正款另行存儲等因一片
除俟奉到
硃批再行恭錄飭知外合行抄粘原片札仰該局即便知
照特札
計抄片一件
右札辦理札薩克鎮國公旗蒙荒行局准此

光緒三十二年二月初一日
再丈放鎮國公蒙旗全荒告竣通計收過一五經費
庫平銀五萬七千七百一十四兩五錢零九厘四毫
内除開支總行各局一切經費外尚餘庫平銀一千
六百三十九兩九錢五分四厘零三絲二忽一微五
纖一沙二塵另行存儲除將動支經費數目造册咨
部核銷外謹附片陳明伏乞
聖鑒謹
奏

軍督部堂趙　為

恭録札飭事照得本軍督部堂於光緒三十二年正月二十日附

奏為丈放鎮國公蒙旗全荒告竣動支經費銀數隨案造冊報銷並將餘銀撥歸正款另行存儲等因一片當經抄粘原片飭知在案茲於二月初八日奉到

硃批覽欽此除欽遵並分行外合行恭録札仰該局即便

欽遵特札

右札辦理札薩克鎮國公旗蒙荒行局准此

光緒三十二年二月十二日

軍　督　部　堂　趙　為
札飭事照得本軍督部堂於光緒三十二年正月二
十日具
奏為科爾沁鎮國公蒙旗墾務一律丈放完竣謹將放
過地畝收銀數目分繕清單暨荒段界址應徵租賦
一併繪列簡明圖表恭呈
御覽等因一摺除俟奉到
硃批再行恭錄行知外合行抄粘原奏清單札仰該局即
便知照特札
計抄原奏並單

右札辦理扎薩克鎮國公旗蒙荒行局准此

光緒三十二年二月初一日

奏為科爾沁鎮國公蒙旗墾務一律丈放完竣恭摺仰祈
聖鑒事竊查勘放鎮國公旗蒙墾一切章程均由前任將
軍增　先後奏明在案抵任後疊次飭催從速認真
撥丈以期早日蕆事俾得節省經費茲據該局總辦
花翎留奉補用道張心田呈報自光緒三十年七月
開辦至三十一年十月止業已一律丈放完竣共放
地二十四萬一千四百五十八晌七畝城鎮基地一
百一十五萬四千五百二十丈方統共收過正價庫
平銀三十二萬七千零三十七兩三錢九分六釐城

鎮基價庫平銀五萬七千七百二十六兩經費庫平
銀五萬七千七百一十四兩五錢零九厘四毫分别
造册繪圖列表呈請具奏前來　覆加查核此次勘
丈該公旗墾務正在兩强宣戰之時大股匪徒乘閒
肆擾各委員等行繩撥丈時虞搶刼辦理頗形掣肘
乃自開辦以至告竣扣除停繩之日計期僅閲十四
月自來丈放蒙荒無有速於此者所放之地新設安
廣一縣早已派員前往設治商民亦逐漸聚集迄西
圖什業圖蒙旗荒地亦經商允收價丈放當另案奏
請開辦日後邊圍可實藩封可固商務可興民生可
厚於慎固

陪都振興治理之道不無裨益謹將放過地畝收銀數目分繕清單暨荒段界址應徵租賦一併繪列簡明圖表恭呈
御覽除造冊咨部查核外理合恭摺具
奏伏乞
皇太后
皇上聖鑒謹
奏
謹將科爾沁扎薩克鎮國公蒙旗放過上中下生熟各荒及城鎮基無租荒地並收過荒價銀兩各數目分繕清單恭呈

御覽

計開

熟地項下

一放過上等熟地三千九百五十一晌三畝按照扎薩克圖放荒章程以七成折扣實應交價納租地二千七百六十五晌九畝一分每晌收價銀四兩四錢共收庫平銀一萬二千一百七十兩零零零四厘

一收過中等熟地叁千四百五十二晌八畝按七成折扣實應交價納租地二千四百一十六晌九畝六分每晌收價銀二兩四錢共收庫平銀伍千八百兩零零七錢零四厘

一放過下等熟地一萬一千零六十三晌四畝按七成
折扣實應交價納租地七千七百四十四晌三畝八
分每晌收價銀一兩四錢共收庫平銀一萬零八百
四十二兩一錢三分二厘

以上共放上中下三等熟地一萬八千四百六十
七晌五畝按七成折扣實應交價納租地一萬
二千九百二十七晌二畝五分計共收庫平銀
二萬八千八百一十二兩八錢四分

生荒項下

一放過上等生荒四萬四千九百零九晌零九分內除
去不堪耕種地一萬五千零五十六晌八畝九分實

丈得毛荒二萬九千八百五十二晌二畝按七成折扣實應交價納租地二萬零八百九十六晌五畝四分每晌收價銀四兩四錢共收庫平銀九萬一千九百四十四兩七錢七分六釐

一放過中等生荒五萬四千九百九十八晌二畝內除去不堪耕種地三萬零七百零七晌四畝實丈得毛荒二萬四千二百九十晌零八畝按七成折扣實應交價納租地一萬七千零零三晌五畝六分每晌收價銀二兩四錢共收庫平銀四萬零八百零八兩五錢四分四釐

一放過下等生荒三十萬零零五百六十九晌二畝六

分内除去不堪耕種地十三萬一千七百二十一晌
零六分實丈得毛荒拾六萬八千八百四十八晌二
畝按七成折扣實應交價納租地十一萬八千一百
九十三晌七畝四分每晌收價銀一兩四錢共收庫
平銀十六萬五千四百七十一兩二錢三分六厘
以上共放上中下三等生荒肆拾萬零零四百七
十六晌五畝五分内除去不堪耕種地十七萬
七千四百八十五晌三畝五分實丈得毛荒二
十二萬二千九百九十一晌二畝按七成折扣
實應交價納租地十五萬六千零九十三晌八
畝四分計共收庫平銀二十九萬八千二百二

十四兩五錢五分六厘

城基項下

一放過安廣縣城基占地一千一百零八晌六畝二分
五厘合七十九萬八千二百一十丈方除去衙署廟
宇城壕街道各項無租地一百七十五晌一畝二分
五厘合十二萬六千零九十丈方外淨地九百三十
三晌五畝合六十七萬二千一百二十丈方按每丈
見方收價銀五分共收庫平銀三萬三千六百零六兩

一放過公營子鎮基占地七百九十七晌四畝七分五
厘合五十七萬四千一百八十二丈方除去衙署廟
宇城壕街道各項無租地一百二十七晌四畝七分

五厘合九萬一千七百八十二丈方外净地六百七十晌合四十八萬二千四百丈方按每丈見方收價銀五分共收庫平銀二萬四千一百二十兩

以上二處共放過城鎮基占地一千九百零六晌一畝合一百三十七萬二千三百九十二丈方除去衙署廟宇城壕街道各項無租地三百零二晌六畝合二十一萬七千八百七十二丈方外净地一千六百零三晌五畝合一百一十五萬四千五百二十丈方計共收庫平銀五萬七千七百二十六兩

以上共收熟地生荒城鎮基價庫平銀三十八萬

四千七百六十三兩三錢九分六厘並隨收一
五經費庫平銀五萬七千七百一十四兩五錢
零九厘四毫統共徵收庫平銀四十四萬二千
四百七十七兩九錢零五厘四毫

無租項下

一上中下三等荒地内丈得台吉壯丁住界盧墓並蒙
旗酌留祭地佛寺鄂博各項留界地四萬二千六百
八十晌零零一分

一上下二等荒地内丈得官留義地土坑二百四十五
晌零六分

以上二項共計荒地四萬二千九百二十五晌零

七分

查扎薩克圖成案加價係全歸蒙旗單内因將加價正價分晰開列此次正價加價〻國家與公旗均分故未分列數目合併聲明

軍　督　部　堂　趙　為
恭録札飭事照得本軍督部堂於光緒三十二年正
月二十日具
奏為科爾沁鎮國公蒙旗墾務一律丈放完竣謹將放
過地畝收銀數目分繕清單暨荒段界址應徵租賦
一併繪列簡明圖表恭呈
御覽等因一摺當經抄粘原奏清單飭知在案茲於二月
初八日奉到
硃批戶部知道單片圖表併發欽此除欽遵並分行外合
行恭録札仰該局即便欽遵特札

右札辦理札薩克鎮國公旗蒙荒行局准此

光緒三十二年二月十二日

軍督部堂趙　為

札飭事照得本軍督部堂於光緒三十二年正月二十日附

奏為科爾沁鎮國公蒙旗荒段現已告竣共收荒地正價銀兩開支護局馬步隊薪餉等項並提一半歸公其餘正價一半歸該蒙旗自公以下暨台壯廟倉人等均勻分給等因一片除俟奉到

硃批再行恭録飭知外合行抄粘原片札仰該局即便知照特札

計抄片一件

右札辦理鎮國公旗蒙荒行局准此

光緒三十二年二月初一日

再科爾沁鎮國公蒙旗荒段現已告竣共收荒地正價庫平銀三十二萬七千零三十七兩三錢九分六厘內除護局馬隊薪餉暨旂幟號衣等項動支庫平銀九千七百六十一兩一錢二分四厘零三絲一忽外實存庫平銀三十一萬七千二百七十六兩二錢七分一厘九毫六絲九忽應以庫平銀一十五萬八千六百三十八兩一錢三分五厘九毫八絲四忽五

微作為該蒙旗報効

國家之款遵照原奏由此項內提出市平銀一萬五千

兩按一零三二折合庫平銀一萬四千五百三十四
兩八錢八分三厘七毫二絲一忽賞給該旗協理台
吉淨賸庫平銀一十四萬四千一百零三兩二錢五
分二厘二毫六絲三忽五微業已陸續解交財政局
核收先後撥充薪餉將來由該局另案核銷以清款
目其餘正價一半歸該蒙旗自公以下暨台吉壯丁
廟倉人等按數均匀分給除分咨查照外理合附片
具陳伏乞
聖鑒謹
奏

軍督部堂趙　為

恭錄札飭事照得本軍督部堂於光緒三十二年正月二十日附

奏為科爾沁鎮國公蒙旗荒段現已告竣共收荒地正價銀兩開支護局馬步隊薪餉等項並提一半歸公其餘正價一半歸該蒙旗自公以下暨台壯廟倉人等均勻分給等因一片當經抄粘原片飭知在案茲於二月初八日奉到

硃批覽欽此除欽遵並分行外合行恭錄札仰該局即便

欽遵特札

右札辦理鎮國公旗蒙荒行局准此

光緒三十二年二月十二日

軍督部堂趙　為

恭録札飭事照得本軍督部堂於光緒三十二年正月二十日附

奏為鎮國公蒙旗墾務業經告竣歲徵租賦分別歸公及均給該鎮國公台壯廟倉人等永免争端等因一片當經抄粘原片飭知在案茲於二月初八日奉到

硃批該衙門議奏欽此除欽遵並分行外合行恭録札仰該局即便欽遵特札

右札札薩克鎮國公旗蒙荒行局准此

光緒三十二年二月十二日

軍督部堂趙　為

札飭事照得本軍督部堂於光緒三十二年正月二

十日附

奏為鎮國公蒙旗墾務業經告竣歲徵租賦分別歸公

及均給該鎮國公台壯廟倉人等永免爭端等因一

片除俟奉到

硃批再行恭錄飭知外合行抄粘原片札仰該局即便知

照特札

計抄片一件

右札札薩克鎮國公旗蒙荒行局准此

光緒三十二年二月初一日

再鎮國公蒙旗墾務業經告竣已奏設安廣縣以資治理所有該縣地畝歲徵租賦每晌收中錢六百六十文以二百四十文歸公以四百二十文歸蒙旗統照扎薩克圖王旗成案辦理均經奏明在案該縣城鎮基各一處共收基價銀五萬七千七百二十六兩此項前已奏明全數撥給該鎮國公辦公之用其基租每年每丈方徵租中錢三十文以十五文為設官經費十五文為該旗應得之款至該旗每年每晌應得之地租中錢四百二十文基租每丈方中錢十五文亦請援照扎薩克圖王旗成案均以一半歸該鎮

國公以一半歸該台吉壯丁廟倉人等按戶口數目
均勻分給庶可永免爭端相應請
旨飭下理藩院迅速核議咨覆以便轉飭遵守該縣城鎮
基各地本係生荒仍請六年升科以示體恤除分咨
外理合附片陳明伏乞
聖鑒謹
奏

呈為報解寳存票費中錢數目懇請　飭收備案由

全局銜為呈報咨行事竊職案照敝局前經劄放城鎮街基生熟荒地各信票計共收票費中錢六千九百九十四吊八百三十二文除開支承領信票川資車腳使過中錢四百二十六吊六百文計實在現存中錢六千五百六十八吊二百三十二文當經歸入餘款項下冊報在案茲當歸結款項之時合將此款存錢六千五百六十八吊二百三十二文合作小數錢一萬九千七百零四吊七百文隨文呈送

憲督轅應請

憲台飭員照數彈收除咨行財政總局查照外理合備文具呈相應備文咨行

督憲呈報督憲鑒核

為此合咨呈請
憲台鑒核備案
貴總局請煩查照見覆施行須至咨呈者
右咨呈
軍督部堂趙
財政總局
光緒三十二年二十八日

咨行事案准財政總局咨開為咨行事案奉
軍督憲批據貴局稟開辦圖什業圖王旗荒務請由
鎮國公旗舊局正款項下借撥瀋平銀八千兩以資
發給員司等薪水俟收有荒款即行歸還請核示一
案奉批准其借撥仰財政總局轉行知照繳等因奉
此咨行前來合行轉咨
貴行局請煩遵照
憲批提撥瀋平銀八千兩兑交來差收訖以資辦公
除俟兑收清楚再行呈報分咨外相應備文咨行為
此合咨

貴行局請煩查照施行須至咨者

右　　　　　　　　　　　　咨

奏辦科爾沁札薩克鎮國公旗蒙荒行局

光緒三十二年二月二十九日

呈據圖什業圖蒙荒行局咨奉　憲批撥借銀八千兩如數交訖請　備案由

全局銜為呈報咨行咨行事竊職案查敝案查敝局於光緒三十二年二月二十
九日接准圖什業圖蒙荒行局圖什業圖蒙荒行局貴局咨開為咨行事案准財政
總局咨開案奉
憲台督憲督憲批據圖什業圖荒務開辦請由鎮國公旗舊局
借撥瀋平銀八千兩以資發給員司等薪水俟收有
荒款即行歸還請核示一案奉批准其借撥仰財政
總局轉行知照繳等因奉此咨行前來相應轉咨貴
行局請即遵照
憲批提撥瀋平銀八千兩兑交來差以資辦公等情
准此遵即由職敝敝局現存正款項下撥銀八千兩如數

兑交來差領訖除（咨行財政總局暨圖什業圖蒙荒行局查照見覆／呈報督憲備案暨咨圖什業圖蒙荒行局查照見覆／呈報督憲備案暨咨財政總局查照）外

（理合／相應／相應）備文（呈報／咨行／咨行）為此（呈請／合咨／合咨）

（憲台鑒核備案／貴總局請煩查照／貴行局請煩查照見覆）施行須至（呈／咨／咨）者

右（呈／咨／咨）

軍督部堂趙

奏辦奉天財政總局

圖什業圖蒙荒行局

光緒三十二年二月二十九日

咨行事案查敝局前以開辦伊始需款辦公當經稟
請
督憲由
貴局借撥瀋平銀八千兩俟收有荒款即行歸還茲
於二月二十八日接准財政總局案奉
督憲批據前情准其借撥仰財政總局轉行知照繳
等因奉此咨行前來遵即由
貴行局存儲荒款項下提取瀋平銀八千兩當經派
員照數彈收訖以備開支員司等薪價銀兩俟敝局
收有荒價即行歸還以清款目除呈報

督憲備案暨咨財政總局查照外相應備文咨行爲
此合咨
貴行局請煩查照施行須至咨者
右　　　　　　　　咨
奏辦鎮國公旂蒙荒行局
光緒三十二年二月三十日

呈為續解　國家應分正款銀兩懇請　飭收備案由

全局銜為呈報咨行事竊職業查敝局現存

國家應分正款項下除已經報解不計外計欠解瀋平

銀三千五百零八兩玖錢一分現當歸結款項之際

合將欠解正款銀三千五百零八兩玖錢一分具条

呈送

憲督轅即請

憲台督憲鑒核飭員照數彈收除呈報督憲飭收咨行財政總局查照外理合相應備

文呈報咨行為此呈請合咨

憲台鑒核備案貴總局請煩查照施行須至呈咨者

附呈銀条一紙

右　　呈咨

軍督部堂趙

財政總局

光緒三十二年三月初一日

為奉　批將局解實存票費照數收訖咨復由

咨行事光緒三十二年三月初三日奉
軍督憲批
貴局呈解實存票費中錢核交小數錢文請飭收緣由奉批呈悉仰財政總局核收具報繳錢飛發計發錢飛一紙東錢一萬九千七百零四千七百文等因
奉此並准
貴局咨報前因敝局當將奉發前項票費錢文照數收訖除呈請外相應咨行
貴局煩即查照須至咨者

右　　咨

科爾沁札薩克鎮國公旗蒙荒行局
光緒三十二年三月十三日

為圖荒行局由局借撥銀捌千兩俟撥還時即煩咨報由

咨覆事光緒三十二年三月初一日准圖什業圖蒙
荒行局咨開以現由
貴局借撥瀋平銀八千兩業已照數收訖作為開辦
經費煩即查照等因准此並准
貴局咨同前因除分咨外相應咨行
貴局煩即查照俟圖什業圖荒局撥還即行移報查
核須至咨者
右　　咨
扎薩克鎮國公旗蒙荒行局
光緒三十二年三月十七日

咨為奉 批核收局解票貫小數錢收訖咨覆由

咨行事光緒三十二年三月十七日奉
軍督憲批 敝局呈覆遵批核收
貴局解送票貫小數錢文請查核緣由奉批據呈已
悉繳等因奉此查此項錢文前經 敝局收訖咨行在
案茲奉前因相應咨行
貴局煩即查照須至咨者

右　咨

科爾沁扎薩克鎮國公旗蒙荒行局

光緒三十二年三月二十六日

咨請俟圖旗荒務行局將前借撥銀八千兩撥還時咨復由

咨行事光緒三十二年三月初六日奉
軍督憲批圖什業圖蒙荒行局具呈現由
貴局借撥瀋平銀八千兩業已照數收交請備案緣
奉批仰財政總局查照繳等因奉此查此案前准
貴局咨會到局業經 敝局咨覆在案茲奉前因相應
咨行
貴局煩即查照前咨辦理一俟款項撥還之日仍希
咨覆敝局查核須至咨者

右 咨

科爾沁扎薩克鎮國公旗蒙荒行局

光緒三十二年四月初十日

咨為將報銷案卷各項清册造送備案由

咨行事光緒三十二年二月初一日奉
軍督憲札開為札飭事照得本軍督部堂於光緒三
十二年正月二十日附
奏為丈放鎮國公蒙旗全荒告竣動支經費銀數隨案
造册報銷並將餘銀撥歸正欵另行存儲等因一片
除俟奉到
硃批再行恭録飭知外合行抄粘原片札仰該局即便知
照特札計抄片一件等因奉此相應抄奏咨行
貴局煩即查照希將報銷案卷飭抄片一件咨行　敝局
備案須至咨者

計抄片一件

右　　咨

鎮國公蒙荒總局

光緒三十二年四月初七日

再丈放鎮國公蒙旗全荒告竣通計收過一五經費庫平銀五萬七

千七百一十四兩五錢零九釐四毫内除開支總行各局一切經費

外尚餘庫平銀一千六百三十九兩九錢五分四釐零三絲二忽

一微五纖一沙二塵另行存儲除將動支經費數目造册咨部

核銷外謹附片陳明伏乞

睿鑒謹

奏

咨復事案查敝局先後接准
貴局咨開所有敝局前經呈報過經收支銷各欵數
目清册請由敝局逐一補造咨送備查等情准此查
敝局自光緒三十年七月開辦起至光緒三十一年
十一月底止計經收上中下荒地暨城鎮基正價經
費庫平銀兩
國家與蒙旗應分正雜各欵並敝局由正價項下開支
局隊薪餉由經費項下開支薪車價辦公心紅欵酢
房租馬撥津貼等項暨續報十二月分開支各欵查
照呈報所造清總各册逐件補造一分并公旗奏定

勘放荒地章程一分相應備文咨送爲此合咨
貴總局請煩查照施行須至咨者
計咨送清冊九本章程一分
右　　　咨
奏辦奉天財政總局
光緒三十二年閏四月二十四日

呈為派員解交經費銀兩恭請　飭收由

公旗局會辦單銜　為呈報／咨呈事竊查職局尚有應繳
經費銀兩茲派解運委員謝令漢章解去經費市平
銀壹千壹百貳拾兩零叁錢壹分叁釐伍毫陸絲赴
省呈繳除咨呈財政總局備查並俟彙總冊報／呈報督　憲　鑒　核外理合備文
呈報／咨呈
憲台鑒核飭收／憲局查備案施行須至呈／咨呈者
右　　呈／詧
軍　督　部　堂　趙
奏辦奉天財政總局
光緒三十二年六月十三日

圖局移為撥還墊款八千兩請查收見复由

移行事案照敝局前以開辦伊始需款辦公請由
貴局正款項下撥借銀捌千兩俟收有荒款即行撥
還當經稟蒙
督憲批准並咨行
貴局在案茲將前借
貴局正款銀捌千兩由敝局收存荒款項下劃撥歸還解交
貴局希即兑收除呈報
督憲並財政局外相應備文移行爲此合移
貴局查照兑收見覆施行須至移者
右　　　　　移
奏辦鎮國公旗蒙荒行局

光緒三十二年六月十三日

公旗局銜　為移覆事案照光緒三十二年六月初
十日接准
貴局移開前以開辦聿始需款辦公請由貴局正款
項下撥借銀八千兩候收有荒款即行撥還當經稟蒙
督憲批並咨行貴局在案茲將前借貴局正款銀八
千兩由敝局收存荒款項下劃撥歸還解交貴局希
即兑收見覆施行等情准此當經敝局照數彈兑收
訖相應備文移覆
貴局請煩查照施行須至移者

右　移

奏辦圖什業圖蒙荒行局

光緒三十二年六月十四日

圖局移爲撥還前赴圖旗商辦川資銀兩請查收見復由

移行事案照　敝局總辦張道心田前赴圖什業圖商
辦荒務時往返川資暨備送禮物等項計共需銀叁
佰玖拾壹兩伍錢陸分均由鎮國公旗蒙荒行局經
費項下借墊當經繕單呈報
督憲在案現在　敝局收有荒欵當將前借銀叁百玖
拾壹兩伍錢陸分劃撥歸還除呈報
督憲並咨財政總局外相應備文移行
貴局查照兑收見覆施行須至移者
右　　移
鎮國公旗蒙荒行局

光緒三十二年六月十三日

公旗局銜　為移覆事案照光緒三十二年六月十
四日接准
貴局移開為移行事案照敝局總辦張道心田前赴
圖什業圖商辦荒務時往返川資暨備送禮物等項
計共需銀叁百玖拾壹兩伍錢陸分均由鎮國公旗
蒙荒行局經費項下借墊當經繕單呈報
督憲在案現在敝局收有荒款當將前借銀叁百玖
拾壹兩伍錢陸分劃撥歸還希即兑收見覆施行等
情准此當經　敝局照數彈兑收訖相應備文移覆
貴局請煩查照施行須至移者

右　　　　　　移

奏辦圖什業圖蒙荒行局

光緒三十二年六月十四日

札為准工部咨請將總行局置備鋪墊等項開單送部由

軍督部堂趙　為札飭事案准

工部咨開虞衡司案呈光緒三十二年三月初三日

准營繕司付稱奉天總督趙　咨片奏文放科爾沁

扎薩克圖鎮國公蒙旗全荒告竣動支經費銀數隨

案造冊報銷其餘銀即撥歸正款另行存儲等因一

片抄錄原奏並將洮南府行局置備鋪墊棹椅器具

等項開具冊單咨部核辦前來查單開奉天辦理扎

薩克圖蒙荒總局置備天平砝碼算盤棹椅鋪墊燭

台等項共用銀肆百貳拾玖兩叁錢柒分捌氂肆毫

壹絲玖忽玖微叁纖按單查核所開各款價值雖與

上屆辦過成案稍有不同而比較總數尚屬有减無
增惟詳查上案均比較總行局清單核銷至此案並
無總局清單僅按照原册銀兩數目登除尚屬相符
應准開銷以後仍須將總行局置備鋪墊等項一律
開具清單送部核辦毋致兩歧相應咨行貴督查照
並知照户部可也等因准此合行札仰該局即便知
照特札

右札札薩克鎮國公旗蒙荒行局准此

光緒三十二年五月十七日

財政局咨爲局解 國家應分正款銀兩奉批查收咨覆由

咨覆事光緒三十二年三月初六日奉
軍督憲批
貴局呈解經收荒價正款瀋市平銀叁千伍百零捌兩玖錢壹分請查收緣由奉批仰財政總局核收具報繳銀條三紙發等因奉此並准
貴局咨同前因查前項銀兩業於三月初一日蒙
軍督憲於
貴局投文時飭發 敝局照數收訖在案茲奉前因除申覆外相應咨覆
貴局煩即查照須至咨者

右　　　　　　　　　咨

科爾沁扎薩克蒙荒行局

光緒三十二年六月初三日

呈為擬限解交各款並請移交關防伏候 批示由

全銜 為呈請事竊 職 局現當竣事所有應行造報

圖冊各件均經先後呈報在案茲查

國家與蒙旗應得各款除已經解撥冊報外計現存未

解未撥各款均應繕單註明陸續清釐除應撥交蒙

旗正價餘款兩項由 職道 商允該印軍等以年前道

路戒嚴領戶不得攜交現款均經交到懷德農安等

處號商銀條須展至今春由洮街號商變通兌使再

行撥交該旗下餘欠解

國家應分正價經費雜款各項銀兩因有鉄嶺戶戶張

鳴鑾欠價未交約於開印後並於二月初間兩次交

清查職道此次帶同員司書役等在省辦理核銷均
已停支薪水應需辦公伙食一切當經禀蒙
憲台照准在於餘款項下開支現在局務清結員司
等各無所事辦公火食未便久糜第職局尚有移交
地方官全荒圖册案卷並撥蒙旗款時應取具該旗
印文呈報均須鈐用關防未便即時請繳查前札薩
克圖成案於報竣後所有未盡事宜並催繳各户尾
欠曾經請將行局關防移交設治地方官接理職局
現當竣事應請仿照前案所有行局關防並催繳尾
欠各事可否移交地方官抑或待圖什業圖蒙荒委
有專局即歸併該局兼理倘蒙

憲台核准俟奉

批到日即行移交關防並截止辦公伙食等項至於

尾欠催繳無論何時倘有舛錯仍係職道之責斷不

敢以交卸關防因循推諉所有行局事竣應請移交

關防緣由理合備文呈報為此呈請

憲台鑒核伏乞

批示施行須至呈者

附呈清單一紙

右　　呈

軍督部堂趙

光緒三十二年正月初九日

謹將職局應行解撥　國家與蒙旗正雜各項銀兩
數目繕具清單恭呈
憲鑒

計開

一存　國家正價庫平銀一萬五千四百兩零零零九
分三厘三毫四絲八忽八微五纖
一存經費庫平銀一千六百三十九兩九錢五分四厘
零三絲二忽一微五纖一沙二塵
一存餘款市平銀一萬四千二百一十九兩二錢四分
六厘二毫三絲五忽九微六纖六沙
一存餘款中錢六千五百六十八吊二百三十二文

一存蒙旂正價庫平銀六萬零二百四十八兩九錢零
六厘五毫一絲一忽六微三纖二沙
一存蒙旗餘款市平銀一千七百三十兩零九錢一分
三厘零八絲七忽八微六纖

再 職
局於光緒三十一年十一月二十七日奉到
憲札内開洮南一府兩縣捕盜營馬步各隊弁兵薪餉
不敷支發飭由鎮國公旂荒價項下就近指撥等因
蒙此查 職
局現在告竣所有款項均須劃清奉撥洮
南一府兩縣兵餉共需銀若干兩應請
憲台鑒核指示數目以便遵照劃撥須至再稟者

批呈悉現查圖什業圖荒地仍擬奏派該道接續丈放
所有鎮國公旗放荒闗防既有款目未清及移交册
籍等事仍着該道收掌俟一切清理就緒再行呈繳
另單洮南一府二縣應撥兵餉多少並如何辦法候
飭財政局酌奪辦理繳

局銜　為札飭事照得本局現經報竣所有各戶欠款均須一律補交清結以便彙齊報解查鳴鑾堂包領荒地應交價款除已交不計外下欠銀叁萬捌仟捌百捌拾捌兩叁錢捌分壹釐貳毫為款甚鉅現當督轅暨財政局屢催繳解何容稍事延遲合亟札派佐委員東都飛速前往鐵嶺守候傳飭該執事人劉振英彭福造迅即來省清繳欠款勿得再容支吾為此札飭札到該員即便遵照飛速前往傳飭切須平心抑氣勿得辦理不善切切特札

右札仰佐委員東都准此

光緒三十一年十二月初九日

局銜　為札飭事照得局務告竣所有各戶欠款應
即歸結屢奉
軍督憲並財政總局催飭本局不得不將領戶鳴鑾
堂所欠款項繕單呈報
督轅聲明開印並二月初間兩次繳清事關官款自
應飭該領戶速即備款隨同去員來省照本局所報
限期清結合亟札派謝令漢章前往督催為此札仰
該委員即便遵照迅將鳴鑾堂欠戶催飭來省以清
款目毋任延宕致干送究切切特札
右札謝委員漢章准此

光緒三十二年正月初八日

前局銜　爲諭傳事照得領戶鳴鑾堂欠繳本局荒價爲款甚鉅屢催未繳實係玩延應即派差至安廣縣境内荒段務將該領戶荒内執事人張姓彭福造飭傳來局以憑嚴追不准抗延該差亦不得稍有勒索致干未便切切特諭

右諭巡捕什長賈維翰隊兵周耀武遵此

光緒三十二年三月二十七日

總辦全銜　為札飭事照得本總辦去歲出放鎮國
公旗荒時領户鳴鑾堂即鐵嶺縣在籍庶吉士張成
棟報領荒地尚欠價銀貳萬陸仟餘兩屢催未繳現
在回籍葬親據稱在籍存有現款約定准於閏四月
初十日來局清繳查該户欠款甚鉅本局立待清結
萬難再緩茲派本局委員候選府經歷佐東都前往
守候催提如欠款不能交清即飭佐委員攜同該領
户來局以便趕緊催追倘該户臨時交款不齊或有
意圖避匿不肯一同來局情事誠恐委員呼應不靈
應請該縣就近設法催令該户隨同去員來荒事關

公款不可任令支吾遠去致再拖延除札飭佐委員遵照外合亟札仰該縣查照辦理為此特札

右札仰鐵嶺縣准此

光緒三十二年四月二十五日

前局銜　為札派催提事照得領戶鳴鑾堂即鐵嶺在籍庶吉士張成棟共計欠繳荒價銀貳萬陸千肆百零陸兩伍錢伍分壹釐貳毫欠交票費中錢柒百捌拾捌吊叁百陸拾文前准據該戶到局面稱請容回籍營葬並在籍存有現款准於閏四月初十日來局清繳當即札派佐委員東都前往守候催提以便屆時清繳倘該戶措繳不齊務即携同來局以憑嚴追如該戶不任携同來荒或察其有意藉端遠避應即會同鐵嶺縣就近攔阻務使來荒是為切要倘有徇縱致令人款均不能到定為該員是問除札飭鐵

嶺縣遵照外合亟札派札到該員仰即遵照迅速前
往認真辦理切切特札
右札仰選用府經歷佐委員東都准此
光緒三十二年四月二十五日

局銜　為諭傳事照得領戶于巨川尚欠荒價銀一萬五千餘兩屢催未繳殊屬玩延本局立待結報豈容再事推緩合亟諭仰護局馬隊右哨什長賈維翰帶兵三名前往吉林長春府農安縣所屬以西十五里岡子四合盛北迷子廠南地方拘傳欠戶于巨川立刻隨從來局以憑嚴催事關公款不准稍有抗延該去差亦不得藉端勒索致干未便切切特諭

右傳欠戶于巨川一名

右諭右哨什長賈維翰等遵此

限回日繳銷

光緒三十二年五月十九日

局銜　為發給護照事照得本局現派護局右哨馬隊什長賈維翰帶兵三名各携槍械子母前赴吉林長春府農安縣所屬以西十五里岡子四合盛北迷子廠南地方往傳欠户于巨川所有經過沿途關津營汛務須驗照放行勿得阻攔該什長等亦不得藉端滋事致干究辦須至護照者

右照給右哨什長賈維翰等收執

限回日繳銷

光緒三十二年五月十九日

局銜　爲移請事案照敝
局領户于巨川除已交荒
價外尚欠價銀壹萬伍仟餘兩屢催未繳事關公款
敝局立待結報豈容再事推延茲派哨長姜顯昌將
欠户于巨川送至
貴府請即
飭交班差看管俾免潛逃俟該欠户將官款交清再
行移請開釋相應備文移請
貴府請煩查照施行須至移者
計送欠户于巨川一名
右　　　　移

花翎鹽運使銜特授洮南府正堂孫

光緒三十二年六月初七日

公旗局銜　為移行事案查敝局前以領户于巨川
欠繳荒價移送
貴府以便押追現在該户欠款業經敝局催有著落
請將該户釋放可也為此合移
貴府請煩查照施行須至移者
右　　　　　　　移
特授洮南府正堂孫
光緒三十二年六月初九日

稟為蒙荒報竣懇將該鎮國公及蒙員等　奏請獎敘由

全銜謹

稟

督帥將軍鈞座前敬稟者竊查扎薩克圖蒙荒成案除荒地正價以一半提充報効外所有上中兩等加價銀兩則全數撥歸蒙旗至此次開辦公旗蒙荒職道等首與該公商訂辦法擬無論正價加價統以一半提充報効該公深明大義慨允輸將其急公奉上之忱實出扎薩克圖郡王之上查扎薩克圖報竣時蒙前任督憲增　奏將該郡王革職留任處分開復在案且各處蒙荒尚擬續辦正資觀感合無仰懇憲台援案將該鎮國公附片請

旨如何加恩以示優異而勵將來以及該旗協理台吉吉克吉特加卜圖們吉爾嘎勒二員夾干尺布彥托克他虎一員與職道等商辦一切均能合衷及幫督繩弓亦均不辭勞怨所有在事人員既擬仰邀

保奬該三員事同一律職道等未敢沒其微勞但該協理等均係蒙員實無可保銜職可否仰懇

憲台將該協理台吉二員夾干尺一員附案

奏請

賞戴花翎以資鼓舞之處出自

憲裁須至稟者 職道○○ 卑職○○ 謹稟

光緒三十一年十一月初六日

批稟悉候報竣時查核辦理繳初一日

札為奏奬鎮國公協理台吉等一摺奉硃批由
為
軍督部堂趙
箚録札飭事照得本軍督部堂於光緒三十二年正
月二十日附
奏為扎薩克鎮國公拉什敏珠爾暨協理台吉等於此
次放荒勸辦之初慨然允許由官招墾並報効所得
地價之半寔屬深明大義自應仰懇
天恩給予奬敘以示鼓勵等因一片兹於二月初八日奉
到
硃批該衙門議奏欽此除欽遵並分行外合行抄粘原片
箚録札飭為此札仰該局即便欽遵特札

右札辦理扎薩克鎮國公旗蒙荒行局准此

計抄片一件

光緒三十二年二月十二日

再查此次公旗放荒該扎薩克鎮國公拉什敏珠爾暨協理台吉土門吉爾噶勒吉克濟特扎卜等於勸辦之初慨然允許由官招墾實屬深明大義迥非故步自封者可比旋以地多沙磧續請展放地段計廣百里袤百有三十里迄今設立安廣縣治農商安集樂利可期足以仰副

朝廷固圉實邊之至意且以時事艱難需款孔亟願將所得地價之半報效國家

國家延其好義急公輸忱效順尤足為各蒙旗之觀感
此次荒務並由該公暨台吉等恪守章程與局員和
衷商辦故能迅速竣事自應仰懇
天恩給予獎敘以示鼓勵惟查
御前行走哲里木盟科爾沁扎薩克鎮國公拉什敏珠爾
爵分較崇應如何獎勵出自
聖裁非　所敢擅擬其協理台吉土門吉爾噶勒吉克濟
特扎卜二員管旗章京卜彥托克他虎一員係屬蒙
官無升階可保擬請
賞戴花翎以昭激勸除咨理藩院查照外理合附片具陳
伏乞

聖鑒訓示謹
奏

札為准理藩院咨請將公旗報効荒價數目咨覆以憑議敘由

軍督部堂趙　為

札飭事案准

理藩院咨開旗籍司案呈本院具奏閣抄趙　片奏

科爾沁公旗墾務所得地價報効請奬等因請

飭查明應得地價銀兩若干報院再行核議等因一摺於

光緒三十二年二月二十五日具奏本日奉

旨依議欽此欽遵相應抄錄原奏咨行遵照辦理可也抄

奏内開查臣院則例内並無首先報墾及報効地價

銀兩議敘專條且該將軍原奏内稱該公願將所得

地價之半報効

國家亦未聲明此次應收一半地價銀若干兩臣院無
從覈議相應請
旨飭下
盛京將軍查明該公旗應得地價之半銀兩數目詳細
報院再行覈議等因准此查該公旗告竣共收荒地
正價庫平銀三十二萬七千零三十七兩三錢九分
六厘內除護局馬隊薪餉暨旗幟號衣等項動支庫
平銀九千七百六十一兩一錢二分四厘零三絲一
忽外實存庫平銀三十一萬七千二百七十六兩二
錢七分一厘九毫六絲九忽應以庫平銀一十五萬
八千六百三十八兩一錢三分五厘九毫八絲四忽

五微作為該蒙旗報効
國家之款前於附奏荒務告竣分款摺内曾經聲明咨
行理藩院查照在案茲准前因除咨覆外合行札仰
該局即便知照特札
右札札薩克鎮國公旗蒙荒行局准此
光緒三十二年四月初一日

札為准理藩院咨覆議准蒙員等賞戴花翎飭知由

軍督部堂趙　為

札飭事案准

理藩院咨開旗籍司案呈本院具奏前由內閣抄出

盛京將軍趙　片奏此次公旗放荒該扎薩克鎮國公

喇什敏珠爾暨協理台吉土門吉爾噶勒吉克濟特

扎布等於勸辦墾務之初慨然允許由官報墾實屬

深明大義且以時事艱難需款孔亟願將所得地價

之半報效

國家惟科爾沁鎮國公喇什敏珠爾爵分較崇應如何

獎勵出自

聖裁其協理台吉土門吉爾噶勒吉克濟特扎布等二員
管旗章京卜彦托克他虎一員係屬蒙員無陞階可
保擬請
賞戴花翎等因一片欽奉
硃批該衙門議奏欽此欽遵抄出到院當經本院以則例
並無首先報墾及報効地價銀兩議敘專條且該公
報効地價一半若干兩亦未聲明請
旨飭查詳細報院再行核議等因於光緒三十二年二月
二十五日具奏本日奉
旨依議欽此欽遵咨行
盛京將軍在案今准該將軍覆稱該公旗共收荒價銀

三十二萬七千餘兩內除護局馬隊薪餉等項動支
銀九千七百六十餘兩外實存銀三十一萬七千二
百七十六兩二錢七分一厘九毫六絲九忽應以庫
平銀一十五萬八千六百三十八兩一錢三分五厘
九毫八絲四忽五微作為該蒙旗報効
國家之款等因咨覆前來查該協理台吉土門吉爾噶
勒吉克濟特扎布等二員管旗章京卜彥托克他虎
一員該將軍擬請
賞戴花翎伏查本院於光緒二十二年奏定蒙古捐輸章
程內開台吉塔布囊等應行戴用花翎者即各以一
千二百兩為斷准以四成寔銀上兑等語今科爾沁

鎮國公旗協理台吉土門吉爾噶勒吉克濟特扎布
等二員管旗章京卜彥托克他虎一員按捐輸花翎
應用實銀一千四百四十兩該公旗報効一半地價
實銀一十五萬八千六百三十八兩一錢三分五厘
九毫八絲四忽五微内應劃出銀一千四百四十兩
核給該協理台吉土門吉爾噶勒吉克濟特扎布二
員管旗章京卜彥托克他虎一員
賞戴花翎餘銀一十五萬七千一百九十八兩一錢三分
五厘九毫八絲四忽五微爲數尚鉅至該鎮國公喇
什敏珠爾從先得過何項
加恩應由本院劄行哲里木盟長郭爾羅斯輔國公齊莫

特散帔勒轉飭查明詳細報院再行核議等因一摺
於光緒三十二年閏四月二十一日奉
旨依議欽此欽遵相應咨行查照等因准此除咨　哲里
木盟長轉飭遵照外合行札仰該局即便查照特札
右札札薩克鎮國公旗蒙荒行局准此
光緒三十二年五月十四日

稟為領戶張成棟抗欠赴京請咨翰林院飭其回籍清款伏候 鑒核由

銜名謹

稟

督憲將軍鈞座前敬稟者竊 卑局總辦張道心田前以翰林院庶吉士張成棟即領戶張鳴鑾欠有荒款當於請交公旗荒務關防文內呈明在案彼時該領戶當允提緊赴荒賣地交款嗣其來荒月餘僅交銀五千六百餘兩其餘聲稱原籍存有賣荒現款同到鐵嶺即能繳齊當以其屢經推延言語支吾遂派佐委員東都與其同行以便隨時勒追去後旋據該員稟稱該領戶到鐵後祗交銀一千八百餘兩銀圓一千八

百元方擬催其續繳不意該戶竟於閏四月二十六日乘隙潛赴京師去訖無從追比等情稟覆前來查該領戶張鳴鑾應交之款除已繳不計外尚欠銀兩萬三千餘兩似此鉅款膽敢推托不繳潛避赴京殊屬抗延且公旗荒務報竣計今已逾數月祇以該戶欠款未齊致公旗應分之項未能解清是該戶一日不到即荒款一日不結惟其既膺館選係有本管衙門卑局碍難傳案兹謹仰懇

憲台俯鑒前情咨行翰林院衙門飭其迅速回籍由卑局勒限嚴追俾得早清款目為此稟請

憲台鑒覈轉咨施行須至稟者

光緒三十二年五月十五日

批查鎮國公旗蒙荒早經放竣獨該紳張成棟短欠荒價至二萬餘兩之多迄未清交迭經勒催該紳竟支吾赴京以致未能速清款目未免任意遲延候咨翰林院衙門轉飭速回清款以結墾案併候飭財政總局知照繳　二十九日

敬附稟者竊據張道函稱現在雖請終制前局尾欠荒戶尚有舛錯仍係該道之責等語查公旗舊欠各戶均經催有著落祇張成棟一戶欠款二萬三千餘兩潛避赴京前次業經卑職稟請
憲台咨行翰林院飭催該員回籍交款在案該戶所領

之荒大半未經賣出應領信票現仍扣留在局將來或由該戶自行賣荒歸款或詢明某段尚未安戶經官爲之撤地另行出售欠款雖鉅有項可抵辦理似不至甚難然非該戶到荒職局徒深焦急無從追比仍懇

憲台格外主持俯催該戶迅即來荒俾欠款速爲催齊而職局亦得以早日報結也須至附禀者

光緒三十二年六月二十日

呈報領户報失信票查實補發取保存案由
局全衔為呈報移行事竊案據領户鄒連才劉寬王德林吕振祥等
前後呈稱在公旗領買生熟荒地業已赴局交價領取信
票不意於八月間忽有鬍匪一百餘人來住處肆行搜掠
遂將小的信票搶去實出無奈是以來局呈懇續發等情
據此職道敝局等查核所呈屬實當即取具各該户切實圖書
鋪保存局備案准其續領並將原票牌示作廢補行掣發
信票去訖除將該領户失落信票及職敝局補發信票花名
號頭晌數開單外理合相應備文呈報移行為此呈請合移
憲台鑒核伏乞
貴局請煩查照施行移至者
照呈施行須至呈者

計呈清單一分
粘單一紙

右　　呈

軍督部堂趙

光緒三十一年十月　三十日

批　呈悉領戶鄧連才等丟失信票既據查明取具保結
補發准予備案候飭洮南府知照繳單抄發初二日

呈報領户劉振起等報失信票取保補發由

公旗局銜爲呈報咨行事竊案據領户劉振起劉成舉等呈稱前於公旗局內領得上等生荒熟地業已照章交價領票在案茲於光緒三十二年二月初十日突有鬍匪闖入民宅搶去箱物等件內有原領信票一併失落是以來局呈懇補領等情據此查職敝局謄存信票數目業經呈報在案傳訊該領户等被搶情形屬實當即取具商户切實圖書保條准其續領並將原票牌示作廢即由謄存票內補發正字信票兩張德字信票兩張飭領去訖茲將該領户等失落信票並補發信票號次晌數繕單恭呈開單咨請

憲鑒除咨財政總局查照外理合備文呈報爲此呈請

查核除呈報督憲鑒核外相應備文咨行爲此合咨

憲台鑒核

貴總局請煩查照施行須至呈咨者

附呈摺清單一分紙

右呈咨

軍督部堂趙

奏辦奉天財政總局

光緒三十二年閏四月二十四日

財政局咨爲領戶劉振起等失落信票取保補發奉批轉咨由

財政總局咨行事光緒三十二年五月初八日奉

軍督憲批

貴局呈報領戶劉振起等被盜失落信票取保補發開

單請查核緣由奉批據呈已悉仰財政總局移行知照

繳清單存等因奉此並准

貴局咨同前因相應咨行

貴局煩即查照須至咨者

右　咨

科爾沁扎薩克鎮國公旗蒙行局

光緒三十二年五月二十一　日

呈為彙報信票製發賸存數目懇請　備案由

全局銜為呈報咨行事竊查職案查敝局先後領到
憲台督憲頒發各等信票伍仟貳佰張現在荒地丈竣所
有製發上中下生熟三項信票並城鎮兩基信票及
賸存各等信票張數彙總具報以備便
稽核除咨行財政總局查照呈報　督憲鑒核外理合繕摺相應繕單備文呈報咨行為此呈請合咨
憲台鑒核伏乞
照呈備案施行須至呈者
貴總局請煩查照施行須至咨者

計呈清摺一扣粘單一紙

光緒三十一年十一月十三日

咨為催繳所賸信票以便查銷由

為

奏辦奉天財政總局

咨行事光緒三十二年三月初二日奉

軍督憲批

貴局具呈先後領到信票挈發賸存數目請查核並

送清單緣由奉批據呈已悉仰財政總局查照繳摺

存等因奉此並准

貴局開單咨同前因查扎薩克鎮國公旗蒙荒現既

丈放完竣所賸信票應即截數繳回查銷相應咨行

貴局煩即查照須至咨者

右　咨

科爾沁扎薩克鎮國公旗蒙荒行局

光緒三十二年三月十三日

呈為派員赴省呈繳賸存信票恭請　飭收註銷由

前局銜為呈送/咨行事竊查職/案查敝局前將奉發賸存信票彙總

開單呈請

憲台/督憲鑒核並咨財政局/貴局查照在案茲於三月十三日准

財政局/貴局咨開奉

軍督憲批據呈先後領到信票奉發賸存數目開單

請核緣由仰財政總局查照繳摺存等因奉此並准

咨同前因查鎮國公旗現已丈放完竣所賸信票應

即截數繳銷等情准此查職/敝局除補發劉振起等信

票四張業經另文呈報外所有職/敝局賸存各等信票

謹繕清摺/開具清單派差遣委員舒秀賫省呈繳理合備文呈請/相應備文咨行

憲台鑒核飭銷
貴總局請煩查照施行再職敝局製發過各等信票俱有存
根請仿照扎薩克圖成案俟職敝局呈繳關防時即將
各等信票存根併卷宗冊籍移交安廣縣存查以備
六年升科時核換大照合併聲發明須至咨呈者

附呈粘清摺單一分紙

右　咨呈

軍督部堂　趙

奏辦奉天財政總局

光緒三十二年閏四月二十四日

咨為局繳賸存信票奉批註銷轉咨由

奏辦奉天財政總局　為

咨行事光緒三十二年五月初八日奉

軍督憲批

貴局送銷餘賸信票並請仿照成案俟繳關防時即將存根卷宗册籍移交安廣縣存查以備起科換照請查核緣由奉批呈悉餘賸信票二千六百六十八張准繳銷所有票根卷宗册籍俟該局事竣均交該管安廣縣存查俾便屆期換照仰財政總局查照轉移繳單存等因奉此並准

貴局咨同前因相應咨行

貴局煩即查照並俟事竣將移交存根卷宗册籍數
目開單分咨敝局備案須至咨者
右　　　　　　咨
科爾沁扎薩克鎮國公旗蒙荒行局
光緒三十二年五月二十七日

呈

呈為遵覆部指荒數薪價兩節恭請 核咨由

總辦鍾全銜 為呈覆事竊卑局於本年八月十七日奉到

財政總局咨開為咨會事光緒三十二年七月初八日奉

軍督憲札開為札飭事案准戶部咨開山東司案呈內

閣抄出

盛京將軍趙

奏鎮國公蒙旗墾務丈放完竣征收荒價經費銀兩動存數目各

摺片光緒三十二年二月初二日奉

硃批户部知道單片圖表併發欽此欽遵到部並據該將軍造

冊咨部前來除將原冊存查外相應恭錄

硃批咨行

盛京將軍遵照查核

盛京將軍增

奏接展放鎮國公旗蒙荒一摺內稱該旗原指出放荒界寬長

各百里現已丈清得毛荒四十餘萬晌添放河南一帶寬約

百餘里長約三十里等語並未聲明畝數今單開丈放生熟
城基各項地共四十六萬餘畝核與前奏地數不相脗合難免
該委員有放多報少情弊應令確切查明原放荒界內放地
若干展放荒界內放地若干分別開單聲覆再行核收至此
稱全荒告竣通計收過經費銀五萬七千七百八十四兩零內除
開丈總行各局一切經費外實餘銀一千六百三十九兩零一節
查前將軍增

奏接展放鎮国公旗蒙荒一摺内稱該旗原指出放荒界寬長
各百里現已丈清得毛荒四十餘萬晌添放河南一帶寬約
百餘里長約三十里等語並未聲明晌數今單開丈放生熟
城基各項地共四十六萬餘晌核與前奏地數不相脗合難免
該委員有放多報少情弊應令確切查明原放荒界内放地
若干展放荒界内放地若干分别開單聲覆再行核收至荒
稱全荒告竣通計收過經費銀五萬七千七百二十四兩零内除
開丈總行各局一切經費所賸餘銀一千六百三十九兩零一錢

查前將單增

奏該公旗蒙荒設局派員丈放應丈藉亦卑價回扎薩克圖王旗、成
案辦理等因在案該王旗蒙荒共丈地一百七萬餘晌開支各局薪
工等銀六萬五千一百餘兩今該公旗蒙荒共丈地四十六萬餘晌
開支各局薪工等銀五萬四千五百餘兩實屬浮多應令比照放
地晌數從寬核減報部再行核辦可也等因准此合行札仰該局
遵即轉行查明聲覆以憑核咨毋延特札等因奉此相應咨
會貴局請煩查照文內事理望速查明見覆以憑呈請核咨等
因奉此查荒地寬長百里應得地四十五萬晌此係確數惟卑局

原擬章程第三條内已聲明原指應放荒界寬長均不足百里
計以全界丈竣連蒙古留界及不可墾地在内僅得三十一萬四千
九百餘晌所有城基一處佔地一千一百餘晌不在此内其添放河
南一段原訂寬約百里長約三十里應得地一十三萬五千晌之譜
後以原訂之數由寬處展出既以丈得上中兩等荒地致有十四萬
六千九百餘晌此外有鎮基一處佔地七百九十餘晌不在此内
是原放界内不足原指五萬晌者以寬長不足百里也添放界内回應
得地數計多一萬一千餘晌者以由寬處展出也且公祈原許之數
均以里數見方而言按里開方若開正方得地能符定數若開斜方

則地數必少此不易之定理也此荒四面均有銳狹之形不能劃開
正方地數之少在該處丈委等均係隨形丈地按地核畝圖冊具
在可按而稽並無丈多報情弊至謂多糜經費一節查此次扎
薩克圖原案共丈地一百二十五萬餘畝開支薪工銀十萬零二
千餘兩統僅開支六萬五千一百餘兩此次丈地四十六萬餘畝開
支薪工銀五萬六千零七十餘兩即比照扎薩克圖丈地畝數與開
支薪工銀數亦無甚懸殊且均係照章支銷並無浮冒實係無
從核減所有遵飭聲覆部指各節緣由除呈報
財政總局外理合備文呈請

憲台鑒核轉咨施行再部指公於蒙荒開支薪工銀五萬四千五百餘兩查一年局開支薪工共係五萬六千零七十餘兩之數當蒙

憲台咨部本案核文內即由此數聲覆合併聲明須至呈者

右　　　呈

軍督部堂趙

財政總局

光緒三十二年九月十一日畫行

鎮國公蒙荒案卷

卷四

軍督部堂趙

札委事照得本軍督部堂前以籌辦蒙荒現將圖什業圖地方勸辦就緒請派員收價大放等情當經奏奉

硃批照准在案自應派員前往辦理查有花翎留奉補用道張道心田熟悉情形堪以派為該行局總辦並刊就木質關防一顆文曰奏辦圖什業圖王旗蒙荒行局關防隨文飭發以昭信守其一切應辦事宜即仿照扎薩克圖蒙荒章程辦理如有應行變通之處亦即酌量擬定呈候核奪務期盡善無弊是為至要除分行外合行札委札到該道即便遵照妥為辦理毋延切切仍將啟用關防日期具報特札

計發木質關防一顆

右札總辦圖什業圖王旗墾務行局事宜花翎留奉補用道張道心田准此

光緒三十二年二月十三日

局銜　為咨行事案查敝局前於二月十四日接奉
軍督憲札奏派勘放圖什業圖王旗蒙荒行局事務祇領
關防遂即在省啓用茲於三月二十三日由省抵洮南府
行局擬即赶緊開辦先派各起繩弓赴荒勘丈邊界並分
訂上中下荒地等則以便定價招領然必須
貴王旗妥派蒙員領段指界會同勘分界址挖立封堆並
宜同訂荒地等則以昭平允茲先派敝局四起委員知縣
俞令汝欽蒙文繙譯委員補用驍騎校文委員亨前赴
貴王旗約請速派蒙員訂期會勘並原許印文之外曾與
貴旂擬商尚有添放之段如能多放即可一併勘界訂價

相應備文咨行爲此合咨
貴王旂請煩查照迅即施行須至咨者
右　　　　　　　　　　　咨
圖什業圖王旗
光緒三十二年三月廿七日

敬再禀者竊查職局提調一差所關至要非有才望兼優老成持重之員難期領袖員司提絜庶務查有辦理遠源斗秤牛馬稅分省知州紀牧應瀾辦理復州鹽釐候選知縣李令鍾山升用知府候補同知蔣丞文熙此三員中惟紀牧應瀾前在扎薩克圖荒務充當收支委員深悉其心性正大辦事結實若准將該員調委職局提調實於局務大有裨益倘以稅務現資整理實難更調即請於李令鍾山蔣丞文熙二員內揀派一員調委職局提調用資襄助查該二員心正才明均有歷練職道等知之有素是以冒昧禀請是否有當伏候

憲裁揀派施行須至再禀者

雙銜　謹

稟

督憲將軍鈞座敬稟者竊據職局提調儘先選知縣劉令作壁
稟稱竊卑職前在東公行局銷差住荒本擬再求差使續
圖報効奈接到家信老母因去年兩國有事郵信不通望
子倚閭吉凶莫卜囑令差竣作速言旋等語竊思卑職家
無次丁老母年逾七十卑職荒陬于役久抱不安乃當閒
居望雲之際得泉親嚙指之音正擬肅丹叩辭就道遄返
聞奉到
督憲札委西王荒局提調差使仰荷恩培莫名感刻惟卑職

趨公之念雖切於乘時而問寢之私實懸於愛日仍懇俯
察下忱據情核轉另派妥員實為公德兩便等情據此當
由職道批飭該員久任荒差頗資得力現又稟請升委提
調所請給假本難為之轉懇惟據稱母老丁單望雲念切
亦屬實在情形飭候
憲台核示並另委妥員接充等語行知遵照在案伏查職道
前為該員請升提調蒙
准札委沐
憲恩之優渥在該員宜如何感激圖報冀効涓埃乃因嚙指
關懷遽決歸計一再開導莫可挽回仰念
鴻施不禁為呼負負也第據情迫切不容過其爲私合極懇請

儘先選用知縣劉作壁謹

稟

總會辦大人鈞座前敬稟者竊卑職前在東公行局銷差任荒本

擬再求差使續圖報効奈接到家信老母因去年兩國有

事郵信不通望子倚閭吉凶莫卜囑令差竣作速言旋等

語竊思卑職家無次丁老母年逾七十卑職荒陬于役久

抱不安乃當閒居望雲之際得泉親嚙指之音正擬肅丹

叩辭就道遄返閭奉到

督憲札飭知蒙我

憲稟委西王荒局提調差使仰荷

恩培莫名感刻卑職趨公之念雖切於乘時而問寢之私實懸於愛日除當將委札敬謹呈繳外仍懇我
憲俯察下忱據情核轉收回原飭另派妥員實為公德兩便所有恭繳委札回籍省親各因由理合稟明須至稟
者卑職作壁謹稟

該員久任荒差深資得力現又稟請升委提調寧難率行准假為之轉請惟據稱親老丁單倚閭念切應即准其所請稟候　軍督憲核示另委妥員
接充繳

光緒三十二年三月廿八日

雙銜　為札飭事照得本行局出放圖旂蒙荒開辦在即自應飭起先將蒙旂原許邊界里數明以清界址一面査驗土性分訂上中下等則合亟札派四起監繩委員俞经歷汝欽蒙文繙譯補用驍騎校文委員亨會同前往該王旗約會該旂協理印軍等速派蒙員十起聽候各起繩弓到荒會同勘丈並將印文以外曾經擬商之荒段能否展放一併詳商札到該員即便遵照辦理切切特札

右札仰四起監繩俞委員汝欽
蒙文繙譯文委員亨　准此

光緒三十二年三月廿七日

呈報到局日期及擬赶緊開辦情形恭請 鑒核由

全銜 為呈報事竊 職道 於三月初七日稟辭當即帶同局起員司等起程十三日行經遼源州副北路統巡吳俊陞勦賊回防遵撥馬隊一哨步隊三十名十八日由遼源帶領開拔二十三日行抵洮南府行局各員司等亦均陸續到齊當商同 卑職鍾祺 一面料理開辦並督飭趕造繩弓丈地物件即一面派文派員前往圖什業圖先行咨會該王旗迅即派妥蒙局起員尅期聚齊以備會勘荒段擬將局事部署妥協兵隊點驗安置並將前局尾欠上緊嚴催暨支應鎮國公旗應領價銀一切應辦事宜布置就緒俟王旗蒙員派齊 職道 趕即督帶各起繩弓馳赴荒段會

同蒙員劃清出放界址勘分上中下荒地等則酌立城基即行詳擬章程呈請
憲台核奪奏咨立案出示招領至該旗印文以外前議出放南北兩段擬此次一並切實勸辦如果商妥隨即取具印文備文呈報除俟分清界址訂明等價再行隨時呈報外所有職道到局日期及擬趕緊開辦情形合先具文呈報爲此呈請
憲台鑒核施行須至呈者
右　呈
軍督部堂趙
光緒三十二年三月二十九日

稟為擬由錢號豫順亨代收荒價酌加滙水謹籌化私為公辦法懇請示遵由

全銜謹

稟

督憲將軍座前敬稟者竊查奉省向來各處辦荒於收荒價一節多有隨帶省垣錢號代為經理者原以銀色低潮難於解繳而道路不靖運送又須戒嚴故帶有錢號以為驗看銀色滙兌解款之便然其中實有難處如現銀紋色不足勢必照成扣色兌使各處滙票又必照行加水領戶致多虧折深恐嘖有煩言然不如此辦理則商號賠累又不肯往收職局前辦扎薩克圖時曾經請示

前憲批飭妥為籌辦亦未明定章法職局只得諭令商號

非足銀不收不准扣色其滙票滙至省垣者方准酌加滙水歷辦兩次荒務皆係錢號豫順亨代收比年食物昂貴道路險阻該號實無剩利此番頗有趨避之勢查該號此次擬在省之遠源吉林之長春設立分號以爲滙兑之便若待此荒放竣須越一二年之久該各分號常年食用應亦不貲若爲該商籌計亦不得不爲官民一併籌計茲擬籌官商民三面交益之道定爲劃一之規惟有將酌加滙水一事化私爲公仍令該號代收所有荒户交款無論現銀滙票在省在荒統按每百兩加滙水銀二兩約計全荒收價可得六七十萬之譜其滙費亦可得一萬數千金左右俟全荒收竣令該號酌繳二成報効解交

督轅以為辦公之用如此事歸一律該號既有利益之得領
戶又無虧折之苦職局亦可得通融滙解之便職道為官
商民交相受益起見是否有當合肅禀陳伏乞
鑒核批示遵行須至禀者

雙銜　為札委署理事照得本行局現在事務殷繁請委
提調尚未奉准應先揀員署理以資臂助查有四起監繩
委員俞令汝欽人極精明頗能辦事堪以委署提調遞遺
四起監繩委員一差查有差遣委員榮防禦斌熟習丈務
堪以調署以便赶緊操辦繩弓一切事宜為此札委札到
各該員仰即遵照任差勿得以暫時署理稍涉因循切切
特札

右札仰署理提調俞委員汝欽
四起監繩榮委員斌　准此

光緒三十二年四月十九日

雙銜　為札委事照得各起文務須書算相輔而行庶以
資考覈而免疎漏查有十起隨繩司事李紹庚算法嫻熟
堪以調委五起隨繩司事其遞遺十起司事一差查有五
起司事張同昆長於書寫堪以調補如此變通辦理庶兩
起均資得力除呈報暨分札外合行札委札到該司事即
便遵照任差切切特札

右札仰十五起隨繩司事李紹庚准此
十起隨繩司事張同昆

光緒三十二年四月初七日

雙銜　爲諭派事照得本行局甫經開辦事務綦繁自應
分派局差以供任使查有藍翎五品頂戴李德盛李順徐
殿卿羅仲麟藍翎六品頂戴周喜五品頂戴吴焕杳曲國
棟常占玉許鴻聲均堪派爲局差每名月支工食銀拾兩
合行給諭諭到該局差即便遵照任差切切特諭

右諭局差

羅仲麟　吴焕杳
李德盛　曲國棟
李　順　常占玉　遵此
徐殿卿　許鴻聲
周　喜

光緒三十年三月卅日

雙銜　為諭派事照得本行局開辦圖什業圖荒荒公牘紛繁所派額内貼書不敷分繕查有附生孫佐廷 歲貢生王敬敷堪以派為効力貼書以資繕寫為此諭派諭到該貼書遵即任差切切特諭

右諭効力貼書孫佐廷 王敬敷准此

光緒三十二年四月初七日

局銜　為札委事照得本行局開辦圖什業圖蒙荒局務
綦繁自應酌派差官以資差遣查有藍翎五品頂戴儘先
把總吴亮孚藍翎五品頂戴李廣才五品頂戴趙瑞增均
堪派為差官月各支給津貼銀拾兩除分札外合行札委
札到該差官仰即遵照任差勿負遴委切切特札

吴亮孚
右札仰差官　李廣才　遵此
趙瑞增

光緒三十二年三月三十日

雙銜　爲札委事照得本行局開辦圖什業圖蒙荒局務
殷繁所委額内委員不敷差遣亟應添派額外委員以勵
庶務查有五品頂戴儘先即補驍騎校連玉堪以派爲額
外委員以供差遣除俟彙册呈報並分行外合亟札委札
到該員即便遵照任差勿負遴委切切特札

右札仰額外差遣委員連玉遵此

光緒三十二年四月初一日

軍督部堂趙

札飭事案據財政總局呈稱竊查各處墾局丈放地畝從前均係隨丈隨放遂致承辦員司挪移等則溢放繩弓獘竇叢生幾至不可究詰現值札薩克圖並圖什業圖兩處荒局開辦伊始必須籌定辦法以矯積弊職局悉心酌核擬請飭令各該局先將應放各地統盤繩丈并核明等則造冊具報然後再行按段撥放如是辦理庶畝數之多寡土性之肥瘠均有冊籍可稽撥段之時承辦各員無從高下其手不獨事較核寔即總司局事者亦復便於稽查似覺一舉兩得至荒局需用信票早年舊式未能完善現經

職局酌定三聯丈單每聯各繪所撥地段圖説註明四至及邊界繩弓末聯曰丈單發給領户將來换照即予粘連照後加蓋騎縫印信中聯曰存查彙交經徵衙門備查首聯曰存根事竣繳回職局存案若照丈單所載之圖挨號另繪圖冊並以散圖若干再繪總圖一紙則壠畝之數朗若列眉與魚鱗號冊尤可互相表裏現在彰武清丈局並盤蛇驛牛莊葦塘各墾局均已遵照辦理該處荒務事同一律亦應仿辦期臻美備此項丈單統由職局鈐印給發各該局需用若干張數併應預行請領以備臨時填用除分别咨行外理合呈明查核令飭遵照等情據此除批示據呈已悉所議甚為周妥應准照辦候札飭札薩克圖并

圖什業圖兩蒙荒總行各局遵照繳等因印發外合行札
仰該局即便遵照特札

右札圖什業圖蒙荒行局准此

光緒三十二年閏四月初三日

奉天財政總局　　　　　為
咨行事光緒三十二年閏四月十四日奉
軍督憲批敝局呈明各處荒局丈放地畝應令先丈後放
並領用繪圖三聯丈單請分飭各荒局遵照辦理緣由奉
批據呈已悉所議甚為周妥應准照辦候札飭札薩克圖
並圖什業圖兩蒙荒總行各局遵照繳等因奉此查此案
前經敝局籌定辦法業經咨行查照在案茲奉前因相應
咨行
貴局煩即查照前咨辦理須至咨者
右　　咨

圖什業圖蒙荒行局

光緒三十二年閏四月廿七日

軍督部堂趙

札飭事案據財政總局呈稱光緒三十二年閏四月十五日奉憲台批據續放扎薩克圖蒙荒行局呈報定期赴蒙旗商辦一切並順道查勘荒段即行開繩清丈請將丈單先行刊刷印發以便應用緣由奉批呈悉所請丈單仰財政總局查照刷發繳等因奉此遵查各處墾局所放地段情形各不相同需用丈單詞句宜有區別是以某處所用之單必須俟某處章程議定後方能妥擬刷印現在該局續放扎薩克圖荒段所有辦法章程尚未籌議具報據請丈單殊難平空懸擬且職局前發彰武莊等處墾局所用

丈單均載明給單之後限二十日交清地價呈請粘發大照逾限不交即將原單作廢撤地另放立法之意盖因從前辦理墾務久不換照枝節叢生流弊百出是以欲將換照事宜隨時了給使民間執業概以大照為憑而檢查蒙荒成案各領戶承領信票之後應俟升科之年再由蒙旂換給蒙照此次辦理扎薩克圖荒務若照舊章辦理勢不得不仍以丈單為據其價已交清及逾限作廢之丈單均散在領戶之手最易朦混滋弊尤須先籌妥善之法方能推行無阻查從前蒙荒換照年分遠遠領戶於未經換照之先往往互相買賣遂致糾葛紛紜無從清釐本非辦法欲祛其弊必須尅期換照乃能直截了當惟需用大照如

由蒙旗給發勢必仍致清結無期若由荒局給發又恐蒙
旗另生疑阻職局悉心酌核擬請將此次蒙荒地照改用
蒙漢合璧文字由憲台會同蒙王例銜會印再交荒局按
照丈單逐戶給領所收照費酌定數目悉歸蒙旗作爲津
貼如是辦理庶蒙旗不致觖望易就範圍而荒局見單給
照亦可速於竣事第事屬改章應由該局先向蒙旗將從
換照窒碍情形推誠布公剴切開導俟商定後即同辦法
章程一併詳細呈覆以便核明呈請奏咨立案所請發給
丈單之處應請暫緩是否有當理合呈請鑒核飭遵等情
據此除批示呈悉查從前辦理蒙荒先發信票緩俟四年
升科以後始由蒙旗換給蒙照遂致領戶乘間漁利輾轉

取巧糾葛滋多實非所以清本源而昭核實今該局議將此次蒙荒地照改用蒙漢合璧文字由本督部堂會銜會印交由荒局於放地後先發丈單勒限交價俟價交清即發大照酌定照費悉歸蒙旂在該旂仍無觖望而墾務舊弊藉以袪除所議甚為妥善候札飭該行局即向蒙旂剴切開導妥速商定即同開辦章程詳細呈覆以憑核奏該行局所請丈單應緩再發至圖什業圖蒙荒情事相同亦應照辦並候分飭遵照繳等因印發外合行札仰該局即便遵照特札

右札圖什業圖蒙荒行局　准此

光緒三十二年五月　日

財政總局
咨行事叅查各處墾局丈放地畝從前均係隨丈隨放遂
致承辦員司挪移等則溢放繩弓弊竇叢生幾至不可究
詰現值扎薩克圖並圖什業圖兩處荒局開辦伊始必須
籌定辦法以矯積弊　敝局悉心酌核擬請
貴局先將應放各地統盤繩丈並核明等則造冊具報然
後再行按段撥放如是辦理庶畝數之多寡土性之肥瘠
均有册籍可稽撥段之時承辦各員無從高下其手不獨
事較核實即總　司局事者亦復便於稽查似覺一舉兩得
至荒局需用信票早年舊式未能完善現經　敝局酌定三

聯文單每聯各繪所撥地段圖說註明四至及邊界繩弓
末聯曰文單發給領户將来換照即予粘連照後加盖騎
縫印信中聯曰存查彙交經徵衙門備查首聯曰存根事
竣繳回 敝局存案若照文單所載之圖挨號另繪圖冊並
以散圖若干再繪總圖一紙則隴畝之數朗若列眉與魚
鱗號冊尤可互相表裏現在彰武清丈局並盤蛇驛牛莊
葦塘各墾局均已遵照辦理
貴局荒務事同一律亦應仿辦期臻美備此項文單統
由敝局鈐印給發
貴局需用若干張數併應預行咨領以備臨時填用除呈
明並分別咨行外相應咨行

貴局煩即查照辦理並希見覆施行須至咨者

右　　咨

圖什業圖蒙荒行局

光緒三十二年閏四月初九日

禀為懇請借撥銀兩伏乞　憲鑒由

全銜謹

禀

督帥將軍麾下敬禀者竊職道現奉

憲委開辦圖什業圖王旗荒務業已面禀

憲台酌帶員司先赴荒段查勘一切再行禀訂章程設局開

辦查此次所帶員司均不能不先為酌發薪水以資辦公

惟此荒現未收款應請仿照開辦鎮國公旗荒務章程先

行借款墊發茲擬請由舊局存儲公旗正款項下借撥省

漓平銀捌仟兩俟收有荒款即時歸還所有懇請借撥銀

款緣由理合禀請

憲台核示遵行須至稟者

光緒三十二年二月十六日

奏辦奉天財政總局
咨行事案奉
軍督憲批據
貴局稟開辦圖什業圖王旗荒務請由鎮國公旗舊
局正款項下借撥瀋平銀捌千兩以資發給員司等
薪水俟收有荒款即行歸還請核示一案奉批准借
撥仰財政總局轉行知照繳等因奉此相應咨行
貴局請煩查照可也須至咨者
右　　　　咨
圖什業圖王旗蒙荒行局

光緒三十二年二月二十八日

局銜　為咨行事案准財政總局咨開為咨行事案
奉
軍督憲批據貴局稟開辦圖什業圖王旗荒務請由
鎮國公旗舊局正款項下借撥濬平銀捌千兩以資
發給員司等薪水俟收有荒款即行歸還請核示一
案奉批准其借撥仰財政總局轉行知照繳等因奉
此咨行前來合行轉咨
貴行局請煩遵照
憲批提撥濬平銀捌千兩兑交來差收訖以資辦公
除俟兑清楚再行呈報分咨外相應備文咨行為此

合咨

貴行局請煩查照施行須至咨者

右　　　　　　咨

鎮國公旗蒙荒行局

光緒三十二年二月廿九日

局銜　為咨行事案准財政總局咨開為咨行事案
奉
軍督憲批據貴局稟開辦圖什業圖王旗荒務請由
鎮國公旗舊局正款項下借撥滙平銀捌千兩以資
發給員司等薪水俟收有荒款即行歸還請核示一
案奉批准其借撥仰財政總局轉行知照繳等因奉
此咨行前來合行轉咨
貴局請煩遵照
憲批提撥滙平銀捌千兩兑交來差收訖以資辦公
除俟兑交清楚再行呈報分咨外相應備文咨行為

此合咨

貴局請煩查照施行須至咨者

右　　　　　　咨

鎮國公旗蒙荒行局

光緒三十二年二月二十九日

鎮國公旗蒙荒行局

咨行事案查敝局於光緒三十二年二月二十九日

接准

貴局咨開爲咨行事案准財政總局咨開案奉

督憲批據圖什業圖荒務開辦請由鎮國公旗舊局

借撥瀋平銀捌千兩以資發給員司等薪水俟收有

荒價即行歸還請核示一案奉批准其借撥仰財政

總局轉行知照繳等因奉此咨行前來相應轉咨貴

行局請即遵照

憲批提撥瀋平銀捌千兩兑交來差以資辦公等情

准此遵即由敝局現存正款項下撥銀捌千兩如數
兑交來差領訖除呈報
督憲備案暨咨財政總局查照外相應備文咨行爲
此合咨
貴行局請煩查照見覆施行須至咨者
右　　　　咨
奏辦圖什業圖蒙荒行局
光緒三十二年二月二十九日

呈為遵由前局借撥瀋平銀捌千兩照數收訖請 備案由

全局銜為 呈報 咨行 咨行 事 竊職 案查敝 案查敝 局前以開辦伊始需款辦公當

經 稟請

憲台 督憲 督憲 由 前局 鎮國公旗蒙荒行局 貴局 借撥瀋平銀捌千兩俟收有荒款

即行歸還茲於二月二十八日接准 財政總局 貴總局 財政總局 咨行案

奉

憲台 督憲 督憲 批據前情准其借撥仰財政總局轉行知照繳

等因奉此咨行前來遵即由 該行局 該行局 貴行局 存儲荒款下提取

瀋平銀捌千兩當經派員照數彈兌收訖以備開支

員司等薪償銀兩俟 職 敝 局收有荒價即行歸還以清

款目除 咨行財政總局暨貝公旗蒙荒行局查 呈報督憲備案暨貝公旗蒙荒行局查 呈報督憲備案暨咨財政總局查 照外 理合 相應 相應 備文 具呈 咨行 咨行 為

此呈請／合咨／合咨

憲台鑒核備案

貴總局

貴行局請煩查照施行須至呈者／咨者

右呈咨咨

軍督部堂趙

奏辦奉天財政總局

鎮國公旗蒙荒行局

光緒三十二年二月二十九日

為
財政總局
咨覆事光緒三十二年三月初一日准
貴局咨開以現由扎薩克鎮國公旗蒙荒行局借撥
瀋平銀捌千兩業已照數收訖作為開辦經費煩即
查照等因准此並准扎薩克鎮國公旗荒局咨同前
因除分咨外相應咨行
貴局煩即查照、俟收有的款照數撥還即行移报查核
須至咨者
右　　咨
圖什業圖蒙荒行局

光緒三十二年三月十六日

財政總局　　為
咨行事光緒三十二年三月初六日奉
軍督憲批
貴局具呈現由扎薩克鎮國公旗蒙荒行局借撥瀋
平銀捌千兩業已照數收交請備案緣由奉批仰財
政總局查照繳等因奉此查此案前准扎薩克鎮國
公旗荒局咨會到局業經敝局咨覆在案茲奉前因
相應咨行
貴局煩即查照前咨辦理一俟款項撥還之日仍希
咨覆敝局查核須至咨者

右　　　　咨

圖什業圖王旗蒙荒行局

光緒三十二年四月初十日

鎮國公旗蒙荒行局　　為
移覆事案照光緒三十二年六月初十日接准
貴局移開前以開辦事始需款辦公請由貴局正款項下撥借銀
捌千兩俟收有荒款即行撥還當經稟蒙
督憲批准並行貴局在案茲將前借貴局正款銀捌千兩由敝
局收存荒款項下劃撥歸還解交貴局希即兑收見覆
施行等情准此當經敝局照數彈兑收訖相應備文移覆
貴局請煩查照施行須至移者
右　　移
圖什業圖蒙荒行局

光緒三十二年六月十五日

呈為前借扎薩克公旗蒙荒行局銀捌千兩現已如數歸還伏乞　鑒核由

銜名
局銜為呈報 咨呈 移行事竊查戰 案照敝局前以開辦伊始而款辦公請由鎮國公旂蒙 貴
荒行局
局正款項下撥借銀捌千兩俟收有荒款即行撥還當經禀

蒙

憲台
督憲批准在 並咨行
憲局
貴局在案茲將前借鎮國公旂蒙荒行局 貴
局正款銀捌千兩由戰 敝局收存
荒項下劃撥歸還業經該行局照數 辦交 貴局希即兑收除咨呈財政總局並移鎮國公旂行局 呈報
督憲並移鎮國公旂行局
督憲並財政總局外理合 相應備文呈報 移行為此呈報 合移

憲台鑒核
憲台鑒察
貴局請煩查照施行須至呈 咨呈 移者
貴局查照兑收見覆

右 呈 咨呈 移

軍督部堂趙

財政總局

圖什業圖王旗蒙荒駐省局

鎮國公旗蒙荒行局

光緒三十二年六月初九日

呈為恭報啟用行局關防日期伏乞　憲鑒由

全/局銜為呈報/移咨行事　竊查職道/案照敝局於本年二月十四日奉到

憲台/督憲札委總辦圖什業圖王旗蒙荒行局并須發木質關防

一顆飭將開用日期呈報等因奉此職道/敝局遵即祇領即日

擇吉敬謹啟用除分行/呈移咨/報外所有接到行局關防並開用

日期理合/相應備文呈報/移咨行為此呈請/合移咨

憲台/貴局處道府縣州旗鑒總巡/統巡請煩查照核施行須至呈/移咨者

右　呈/移咨

軍督部堂趙

財政總局　靖安縣

督轅文案處　開通縣

督轅營務處　安廣縣
墾務總局　瑞統巡
交涉總局　警察總局
駐省總局
商務總局
學務處
礦務總局
驛巡道
奉天府
昌圖府
懷德縣
奉化縣
康平縣
遼源州
圖什業圖王旗
吳統巡
王總巡
洮南府

光緒三十二年二月十四日

批據呈已悉繳

為
財政總局
咨行事光緒三十二年二月初四日奉
軍督憲札開為札飭事照得本軍督部堂於光緒三十二
年正月二十日具
奏為遵
旨籌辦蒙荒現將圖什業圖地方勸辦就緒請援案派員收價
大放等因一摺除俟奉到
硃批再行恭録飭知外合行抄奏札仰該局即便知照特札計
抄奏一件等因奉此相應抄奏咨行
貴道煩即查照希將辦理情形隨時咨會敝局備查施行

須至咨者

計粘抄奏一件

右　　咨

圖什業圖墾務行局總辦補用道張

光緒三十二年二月初十日

奏為遵

旨籌辦蒙荒現將圖什業圖地方勸辦就緒請撥案派員收價

大放恭摺仰祈

聖鑒事竊　承准軍機大臣寄光緒三十一年十一月二十五日

奏

上諭程德全奏時機危迫亟宜開通各蒙一摺據稱蒙古各盟

世為北邊屏蔽承平日久習於便安比年時局變遷亟宜
設法經營以資控制所陳墾務各節不為無見著該親王
理藩院及各將軍都統督撫等各就地方情形妥籌辦理
詳晰具奏等因欽此遵
旨寄信前來　伏查内外蒙古延袤數千餘里臣服二百餘年
實為邊陲屏蔽惟以地居瘠苦民習愚頑逼近强鄰勢取
利誘属岌岌可危該將軍所陳深中肯綮於護山西巡撫
特慮及於此故於所陳統籌本計條内即以開懇東三省
内外蒙古西藏青海閑荒各地為請到奉後汲汲圖辦惟
日不遑惟是奉北各蒙如扎薩克圖王旗鎮國公旗各荒
業已先後開放設官分治漸著成效當復逐加諮訪盡力

圖維查悉圖什業圖王旗地段尚可開放當即備具札諭飭派辦理科爾沁扎薩克鎮國公旗蒙荒行局總辦留奉補用道張心田就近親往勸辦茲據呈稱自委員到旗後該圖什業圖親王當與協理印務台吉官員及旗衆人等商議妥協願將該旗東界閑荒一段北至茂土等山南至得力四台巴冷西拉等處南北長三百六十里東西寬四十里劃作出放荒界約計毛荒六十四萬八千垧其中有台壯廬墓垣寢等項留界仍在該旗南段閑荒添補足數遵照歷辦成案將所收荒以半報効

國家等情並據扎薩克和碩圖什業圖親王業喜海順出具印文呈請前來　查實邊固圉利用厚生以出放蒙荒爲

上策況泰西各國富强之圖亦莫不以闢地殖民為第一要務該親王業喜海順並旗衆人等願將本旗東段閑荒由官派員丈放收價招墾實屬深明大義該旗坐落奉天省北東與扎薩克圖王旗接界西南與達爾罕王旗接界北與烏主穆沁王旗接界地方荒僻亟應遴員丈放以實邊徼留奉補用道張心田前辦扎薩克圖王旗鎮國公旗蒙荒辦理頗稱得力即應派為該行局總辦飭令先赴該旗劃定界址一面派員分設局所擇期開辦一切章程按照前辦扎薩克圖成案辦理如有應行變通之處再行查酌情形隨時奏請立案此外如查有可以開放之處亦即陸續派員分别勸辦除分咨查照外所有籌開蒙旗荒地

援案派員收價丈放緣由理合恭摺具陳伏乞

皇太后

皇上聖鑒訓示謹

奏

禀為職局所請護局巡隊擬俟定妥營章懇准仿照一律加添薪餉由

全銜謹

禀

督帥將軍麾下敬禀者竊職道恭奉

鈞札開辦圖什業圖蒙荒現將擬設護局馬步巡隊等情呈請

憲台在案恭聞

憲台現經改訂營伍章程各路巡捕隊馬步弁兵薪餉均擬

加添職道此次所請馬步巡隊帶赴荒段該處糧食匱乏

雖附近洮南新闢城市介在邊隅諸物昂貴隊兵月支餉

銀本自無幾日用不敷其艱苦情形久擬籲懇以前局奏

有定章隊兵薪餉倣照營務一律未便率請加添茲逢我

憲台體恤兵艱將欲加添薪餉合無仰懇
恩施俟擬有定章馬步隊准其加添若干職道倣照營務章
程即將護局馬步各兵薪餉亦一律加添惟事關另案核
銷擬俟
恩准後再由職局聲請報部以免日後比例前荒成案致來
駁詰是否有當理合具禀恭請
鑒核批示施行須至禀者
批應俟營務處章程擬定通行之後再行酌量辦理繳二十七日
光緒三十二年二月二十五日

呈為職局擬請撥設護局馬步巡隊懇乞 照准由

全局銜為呈請咨行事竊職道案查徵局前放公旗荒地屢經鬍匪竄擾
半事丈地半事擊賊以地濶兵單動調洮南巡隊助剿保
護起員彈壓地面捍衛領户無非借資兵力此次開放圖
什業圖王旗荒地面積計長三百餘里其北山川糾紛其
南亦人烟稀少倘鬍匪不時出没兵少難以巡防警備之
設不得不先事圖維前局所招馬隊一哨半現已撥歸安
廣縣只有原借遼源馬隊三十名現在護局查洮南府續
放扎薩克圖餘荒亦須巡隊差遣此次斷難再事借撥職道徵局
正擬請募護局馬步巡隊頃經北路統巡吳俊陞到省會
見據言奉札歸併營伍即有應行裁遣之兵若可撥歸職

局作為護局巡兵免致散隊流而為匪且其兵久經防剿其得力定可勝於新募當經會商營務處總辦張道錫鑾營務處總辦貴總辦公同酌議職敝局需用馬隊八十名步隊四十名擬就原借遠源馬隊三十名合以統巡吳俊陞應遣隊內簡選精壯者補足八十名之數歸成馬隊兩哨職敝局現有步兵十名由統巡吳俊陞處再選三十名歸成步隊半哨統作為護局巡隊歸職道敝局節制以馬隊下段巡防以步隊護局差遣其馬步隊弁什兵夫應支薪餉照章由職敝局經收荒價正款項下按月發放作正開銷倘蒙恩准督憲批准即由職敝局咨行該統巡所撥馬步各隊選人馬健壯槍械整齊者遣赴遠源州俟職道敝局回荒時就近點驗接

收一面呈報/分咨
憲轅即一面帶赴荒段至於接收後所有槍械應行收拾
軍衣應行改製子藥應行請領者再由職道/敝局隨時呈請辦
理除呈請/咨行財政總局暨營務處查照
督憲鑒核暨咨行營務處/財政總局查照外理合/相應備文具呈/咨行為此呈請/合咨
憲台鑒核照准/貴總局/貴處請煩查照施行須至呈/咨者

右呈/咨

軍督部堂趙
財政總局
蒙荒省局

批如呈辦理繳二十七日

局銜為移行事案查敝局開辦聿始正擬請募護局馬步
巡隊當經
貴統巡到省會言現奉
憲札歸併營伍即有應行裁遣之兵若可撥歸行局作為
護局巡兵免致散隊流而為匪即經會商營務處總辦公
同酌議敝局需用馬隊八十名步隊四十名擬就原借遠
源馬隊三十名再由
貴統巡應遣隊内簡撥精壯者補足八十名之數歸成馬
隊兩哨敝局現有步兵十名由
貴統巡處再撥三十名歸成步隊半哨作為護局巡隊即

歸敝局節制差遣其馬步隊弁什兵夫應支薪餉照章由
敝局經收荒價項下按月發放作正開銷擬請
督憲批准即由敝局移行
貴統巡照撥馬隊五十名步隊三十名俟敝局回荒時就
近於遠源州點驗接收等情當經呈請
督憲暨分咨財政總局營務處各在案兹於二月二十九
日接奉
憲批如呈辦理等因奉此應即録批移請
貴統巡查照前情照數簡選馬隊五十名步隊三十名撥
歸敝局差遣除俟撥妥點驗接收再行呈報分咨外相應
備文移行為此合移

貴統巡請煩查照施行須至移者

右

奉天副北路馬步各營統巡吳

光緒三十二年三月十七日

統領奉軍副後路馬步各營吳　為
移送事茲於本年三月十七日准
貴總局移開案查敝局開辦聿始正擬請募護局馬步巡
隊當經貴統巡到省會言現奉
憲札歸併營伍即有裁遣之兵若可撥歸行局作為護局
巡兵免致散隊流而為匪即經會商營務處總辦公同酌
議敝局需用馬隊八十名步隊四十名擬就原借遼源馬
隊三十名再由貴統巡應遣隊內簡撥精壯者補足八十名
之數歸成馬隊兩哨敝局現有步兵十名由貴統巡處再
撥三十名歸成步隊半哨作為護局巡隊即歸敝局節制

差遣其馬步隊弁什兵夫應支薪餉照章由敝局經收荒
價項下按月發放作正開銷擬請
督憲批准即由敝局移行貴統巡照撥馬隊五十名步隊
三十名俟敝局田荒時就近於遠源州點驗接收等情當
經呈請
督憲暨分咨財政總局營務處各在案茲於二月二十九
日接奉
憲批如呈辦理等因奉此應即錄批移請貴統巡查照前
情照數簡選馬隊五十名步隊三十名撥歸敝局以資差
遣除撥妥點驗接收再行呈報分咨外相應備文移請查
照施行等因准此敝統領茲於十七日即將原在

貴總局差遣之遠源 巡隊前哨哨官方雲陞哨長姜顯昌
馬隊什兵三十一名隨帶七密里槍十四桿十響毛瑟槍
十桿單響毛瑟槍三桿馬毛瑟槍一桿開斯槍三桿今又
簡撥該營中哨哨官鄭元武哨長李鴻禧馬隊什兵四十
九名隨帶執用十響毛瑟槍三桿單響毛瑟槍四十桿馬
毛瑟槍三桿開斯槍三桿並簡撥康平巡隊副中哨哨官
王正亮步隊什兵三十名隨帶執用十響毛瑟槍十九桿
單響毛瑟槍十桿開斯槍一桿以上統計哨官三員哨長
二員馬隊什兵八十名步隊什兵三十名共隨帶各項快
槍一百一十桿舊號衣一百一十套均帶肩牌一併撥歸
貴總局節制所有弁兵薪餉均由各該營發至本年三月

分底止其四月分薪餉應由

貴總局發放除分别呈移外合將撥付官兵銜名槍械名

色數目繕造清冊備文移送

貴總局請煩查照驗收希即見覆施行再此係於行防鈐

敝部遠源總巡原用奉字中軍統帶關防合併聲明須至

移者

計移送清冊一本

右　　移

奏派總辦圖什業圖王旗蒙荒行局

光緒三十二年三月十八日

為覆吳統巡業已驗收隊兵由

局衙為移覆事案准

貴統巡來移内開案查敝局開辦聿始需用馬隊八十名步隊四十名擬就原借遠源馬隊三十名再由貴統巡應遣隊内簡撥精壯者補足八十名之數歸成馬隊兩哨敝局現有步兵十名由貴統巡處再撥三十名歸成步隊半哨作為護局巡隊即歸敝局節制調遣呈蒙

督憲批准如呈辦理錄批移請查照施行等准因此茲於十七日即將原在貴總局差遣之遠源巡隊前哨哨官方雲陞哨長姜顯昌馬隊什兵三十一名隨帶七密里槍十四桿十響毛瑟槍十 桿單響毛瑟槍三桿馬毛瑟槍一桿開

斯槍三桿今又簡撥該營中哨哨官鄭元武哨長李鴻禧
馬隊什兵四十九名隨帶執用十響毛瑟槍三桿單響毛
瑟槍四十桿馬毛瑟槍三桿開斯槍三桿並簡撥康平巡
隊副中哨哨官王正亮步隊什兵三十名隨帶執用十響
毛瑟槍十九桿單響毛瑟槍十桿開斯槍一桿以上統計
哨官三員哨長二員馬隊什兵八十名步隊什兵三十名
共隨帶各項快槍一百一十桿舊號衣一百一十套均帶
肩牌一並撥歸貴總局節制所有弁兵薪餉均由各該營
發至本年三月分底止其四月分薪餉應由貴總局發放
附册移送貴總局請煩查驗收希即見覆等因到敝行局
准此除驗收呈報並分咨外相應備文移覆爲此合移

貴統巡請煩查照施行須至移者

右　　移

副北路統巡吳

光緒三十二年四月初十日

呈為接收馬步弁兵槍械並起餉日期造冊請核由

全局銜為呈報咨行事竊案照職敝局前因開辦圖旗荒務請撥調馬
步弁兵以資差遣等情呈蒙
憲台督憲批准如呈辦理旋即移行副北路吳統巡照撥去後
現准該統巡選撥前在公旗局內差遣之遼源巡隊前哨
哨官方雲陞哨長姜顯昌帶領馬隊什兵三十一名隨帶
槍枝三十一桿選撥該營中哨哨官鄭元武哨長李鴻禧
帶領馬隊什兵四十九名隨帶槍枝四十九桿選撥康平
縣巡隊副中哨哨官王正亮帶領步隊什兵三十名隨帶
槍枝三十桿共隨帶舊號衣一百一十套所有弁兵薪餉
均由各該營發至本年三月底截止其四月分薪餉應由

職敝局發放等因移送前來職敝局於四月初一日將各隊調齊逐一點驗人馬槍械均屬整齊並飭舊有步隊十名即日一同入伍合以撥到步隊三十名編為護局步隊中哨半哨其撥到馬隊八十名編為護局馬隊左右兩哨仍委原撥官長分領管轄惟查前局一哨半隊向有字識一名以資繕寫現在馬步各隊既編成馬隊兩哨步隊半哨辦理公事更須有人經職敝局酌量變通將中哨步隊副巡長王正亮提充正巡長此隊因係半哨副巡長無須專設查有五品頂戴孫景海文理粗通即以委充巡隊字識兼充中哨副巡長支領字識薪水至於哨内長夫前局係每哨四名半哨兩名今馬步隊兩哨半應照章設長夫六名近

來諸物昂貴各隊月支薪餉日用已覺不敷每月辦公更
屬無從籌措現將馬隊兩哨按月酌發心紅銀十兩步隊
半哨按月酌發心紅銀五兩以資辦公而示體恤並請統
歸正款開銷所有各哨薪餉等項均由職敝局於四月初一
日一律起支除分咨呈報蒙荒省局財政總局營務處查照督憲鑒核外理合造具各哨弁兵銜名籍貫相應備具各哨弁兵銜名籍貫
馬匹毛齒並槍械名色暨起支薪餉各數目清冊　分備
文呈報咨行為此呈請合咨
憲台鑒核備案伏乞照呈施行貴總局處請煩查照施行須至呈咨者
附冊三本內有原冊一本
右　呈咨
將　軍　趙

蒙荒省局
財政總局
營務處
光緒三十二年四月初十日
奏辦圖什業圖王旗蒙荒行局今將敝局護局馬步各巡隊
什兵槍枝各色數目繕具清册請煩
查照

計開
中哨護局步隊
十響毛瑟槍　十九桿
單響毛瑟槍　十桿

鐵板開斯槍　壹　桿

共計槍叁拾桿

又十響毛瑟槍　六　桿

又七密里槍　四　桿

此十桿係前局護兵十名借用民户之槍現在

編歸中哨該兵等仍係使用借之槍不在

接收以内

又七密里槍　四　桿

左哨護局馬隊

十響毛瑟槍　二　桿

單響毛瑟槍　三十五桿

鉄板開斯槍　三　桿

共計槍四十桿

右哨護局馬隊

十響毛瑟槍　十　桿

單響毛瑟槍　十　桿

馬毛瑟槍　壹　桿

鉄板開斯槍　五　桿

七密里槍　十四桿

共計槍四十桿

通計馬步隊各色快槍除借用十枝不計外共

接收壹百壹拾桿

呈為援案懇請加添各哨津貼伏候鑒核由

雙銜 為呈請事竊職局奉撥護局馬隊兩哨步隊半哨業將歸局起餉日期造册呈報並各哨請加薪餉緣由前次在省亦經稟蒙

憲批俟營務處章程擬定通行之後再行酌量辦理各在案茲閱邸鈔恭悉

憲台奏陳併營加餉一疏已奉

硃批該衙門知道欽此是奉省全軍既經加添津貼則職局護隊請加薪餉之處本應聽候核辦何敢一再瀆陳惟查職局護隊遠駐邊荒地方本極寒苦差使又復煩劇一切食用價逾腹地數倍前放公旗荒時兵隊餉乾已屬兔

强敷行近來諸物日貴一日轉餉分駐荒裏無人之境所有護起紮野安撥送文尤屬艱苦異常若不亟籌增加餉項將餬口之不足何以責其急公而用命也且此項兵餉係出自公家者一半由蒙旗分攤者一半如果加添津貼俟

奏定放荒章程時儘可隨摺聲敘無須另案奏請合無仰懇

憲恩垂念邊兵艱窘俯准照奉省各軍新案加給津貼

章程一律辦理如蒙

核准並乞

憲台格外鴻施准由四月初一日歸局成哨之日起支以

示格外體恤而免造報參差所有援案懇請加添兵餉

緣由是否有當理合備文繕單呈請
憲台鑒核批示施行須至呈者
右　　　　　呈
軍督部堂趙
批呈悉奉省各軍前已加給津貼該行局護兵駐紮邊荒殊
形勞苦應准援照新章自本年四月初一日起一律加給
津貼以示體恤仰即遵照並候飭財政總局知照繳單
存十六日
光緒三十二年閏四月初四日

局銜今謹將敝職局護局馬步各隊弁兵等應支薪餉擬請援
照新章加添津貼銀兩數目分晰繕具清單恭呈請煩
憲鑒
查核

計開

中哨護局步隊半哨

正巡長一員
原請月支薪水銀十三兩　援
案請加津貼銀十七兩月共支
銀三十兩

字識兼副巡長一員
原請月支薪水銀八兩　比照
新章字識薪水多銀一兩仍請
援案改支薪水銀七兩加津貼

銀三兩月共支銀十兩

什長四名　原請月支餉銀四兩五錢　援案請加津貼銀一兩　月各支銀五兩五錢

正兵三十六名　原請月支餉銀四兩　援案請加津貼銀一兩　月各支銀五兩

長夫二名　原請月支餉銀三兩此次不加津貼　月仍各支銀三兩

心紅　原請月支銀五兩　援案將心紅改作公費　月仍支銀五兩

計中哨步隊半哨原請大建月共支

銀一百九十三兩加以援案請
加津貼銀六十兩計大建月每
月應共支薪餉津貼銀二百五
十三兩

左哨護局馬隊一哨
正巡長一員
原請月支薪水銀十三兩　援
案請加津貼銀十七兩月共支
銀三十兩
副巡長一員
原請月支薪水銀九兩　援案
請加津貼銀十一兩　月共支
銀二十兩

什長四名

原請月支餉乾銀七兩五錢　援案請加津貼銀二兩　月各支銀九兩五錢

正兵三十六名

原請月支餉乾銀七兩　援案請加津貼銀二兩　月各支銀九兩

長夫四名

原請月支餉銀三兩　此次不加津貼月仍各支銀三兩

心紅

原請月支銀一十兩　援案將心紅改作公費　月仍支銀一十兩

計左哨馬隊一哨原請大建月共支銀三百二十六兩加以援案請加

津貼銀一百零八兩計大建每月共支薪餉津貼銀四百三十四兩

右哨護局馬隊一哨

原

正巡長一員

原請月支薪水銀十三兩撥案請加津貼銀十七兩月共支銀三十兩

副巡長一員

原請月支薪水銀九兩　撥案請加津貼銀十一兩　月共支銀二十兩

什長四名

原請月支餉乾銀七兩五錢

援案請加津貼銀二兩　月
各支銀九兩五錢

正兵三十六名

原請月支餉乾銀七兩　援
案請加津貼銀二兩　月各
支銀九兩

長夫四名

原請月支餉銀三兩　此次
不加津貼　月仍各支銀三兩

心紅

原請月支銀一十兩　援案
將心紅改作公費　月仍支
銀一十兩

計右哨馬隊一哨原請大建月共支

銀三百二十六兩加以援案請加津貼銀一百零八兩計大建每月共支薪餉津貼銀四百三十四兩

以上步隊半哨馬隊兩哨計大建月原請支薪餉馬乾心紅銀八百四十六兩加以援案請加弁兵津貼各項銀共二百七十六兩統計薪餉津貼大建每月應共支銀一千一百二十一兩

再查此次　奏案薪津係均按大建計算如遇小建月分所有什勇薪

餉津貼是否一律扣建伏乞望希

指示遵辦陳明

查覆施行合併聲敘

咨為援案懇請加添各哨津貼由

局銜為咨行事案照敝局奉撥護局馬隊兩哨步隊半哨

業將歸局起餉日期造冊咨報並各哨請加薪餉緣由前

次在省亦經禀蒙

督憲批示俟營務處章程擬訂通行之後再行酌量辦理

各在案茲閱邸鈔恭悉

督憲奏陳歸併營伍釐定餉章一疏已奉

硃批該衙門知道欽此是奉省全軍既經加添津貼敝局護隊

請加薪餉之處本應聽候核辦何敢一再瀆陳惟查敝局

護隊遠駐邊荒地方本極寒苦差使又復煩劇一切食用價逾腹地數倍前放公旗荒時兵隊餉乾已屬勉强敷衍近來諸物日貴一日轉瞬分駐荒裏無人之境所有護起紮野安撥送文尤屬艱苦異常若不亟籌加給津貼將餬口之不足何以責其急公而用命也且此次兵餉係出自
公家者一半由蒙旗分攤者一半如果加添津貼俟
督憲核訂放荒章程時即可隨摺聲敘無須另案奏請今已呈懇
督憲請照奉省各軍新案加給津貼章程一律辦理如蒙
核准並請准由四月初一日歸局成哨之日起支以示格外體恤而免造報參差除呈請

督憲鑒核並分咨外相應備文粘單咨行爲此合咨
貴總局處請煩查照施行須至咨者
附粘單一件
右　咨
奉天財政總局
圖什業圖蒙荒省局
督轅營務處
光緒三十二年閏四月初八日

軍督部堂趙　為
札飭事案據巡防營務處財政總局呈稱案奉憲台批
據圖什業圖王旗蒙行局呈准吳統領撥到馬隊什兵八
十名步隊什兵三十名均隨帶槍枝號衣連舊有步兵十
名共編成馬隊兩哨步隊半哨請於四月初一日起餉並
聲明近來諸物昂貴請按月酌給馬隊心紅銀十兩步隊
心紅銀五兩以資辦公並送清册一案奉批仰財政總局
會同巡防營務處察核覆奪繳册存等因奉此並准該局
造册咨同前因職處職局查此項護局馬步隊共計兩哨
半曾經該局呈蒙憲台批准有案應准照辦所請於四月
初一日一律起餉並馬隊兩哨按月給心紅銀十兩步隊

半哨按月給心紅銀五兩該處百物昂貴心紅為數無多亦應照准所需餉銀即在收存荒價項下支給按月造報將來歸於蒙荒經費案內報銷以清界限除將清册存案外所有會議緣由理合呈覆憲台查核飭遵再此案係職財政局主稿合併聲明等情據此除批示外據呈已悉候飭該蒙墾行局遵照繳等因印發外合行札仰該局即便遵照特札

右札圖什業圖蒙荒行局准此

光緒三十二年閏四月二十二日

軍督部堂趙　為

札飭事照得圖什業圖王旗墾荒事務業經奏奉

硃批允准遴員前往該旗設立行局仿照扎薩克圖荒務章程

妥酌辦理分別飭遵在案所有應設駐省總局即在督轅

文案處遴委妥員兼理其事茲查有該處會辦奏調湖北

候補知府葉守景葵堪以派為總局總辦其應派員司及

一切事宜即由該總辦稟派妥擬稟奪除分行外合行札

飭為此札仰該局即便知照特札

右札辦理圖什業圖蒙荒行局准此

光緒三十二年三月十二日

軍督部堂趙　為

札飭事照得圖什業圖蒙荒總局開辦伊始事務殷繁需員襄理查有分省補用知府饒守鳳璜留奉知縣陶令鏞均堪派為該局幫辦毋庸支給薪水鄧布經歷邦造堪以派為該局提調月支津貼四十兩除札委並分行外合行札飭為此札仰該局即便知照特札

右札圖什業圖蒙荒行局准此

光緒三十二年三月二十五日

軍督部堂趙　為
札飭事照得圖什業圖蒙荒總局開辦伊始事務殷繁需
員佐理兹據該局酌擬主稿收支繙譯繪圖差遣各員開
單禀請派委前來除批准札委外合行抄單札仰該局即
便知照特札
計抄單一件
右札圖什業圖蒙荒行局准此
計開
户股副掌案兼充蒙文繙譯委員候選主事明哲堪以派
為主稿委員月支津貼銀二十兩
兵股掌案委員候補防禦劉廣業堪以派為主稿委員月

支津貼銀二十兩
外禮股掌案委員候補正管宗室族長榮俊堪以派爲收
支委員月支津貼銀二十兩
户股掌案委員花翎協領明奎堪以派爲繙譯委員月支
津貼銀二十兩
文卷股掌案委員候補協領佐領李棉春堪以派爲繙譯
委員月津貼銀二十兩
工商股掌案委員候補佐領高殿文堪以派爲繪圖委員
月支津貼銀十六兩
擱本股正委員府經歷職銜祁守廉堪以派爲繪圖委員
月支津貼銀十六兩

吏股掌案委員候選巡檢周增祚堪以派為差遣委員月支津貼銀十二兩

刑股掌案委員府經歷職銜周鎮邦堪以派為差遣委員月支津貼銀十二兩

以上九員月共支津貼銀一百五十六兩

軍　督　部　堂　趙　為

札飭事照得圖什業圖蒙荒總局總幫辦提調委員各差業經分別札委飭知在案茲據該局將應派員司書手並酌擬津貼數目開單稟請前來除批准外合行抄單札仰該局即便知照特札

右札圖什業圖蒙荒行局准此

光緒三十二年三月二十五日

計開

辦事官二員

連文

春元

以上二員係户辦事官每員津貼銀八兩月共支

銀十六兩

司事二名

洪德溥

奎勲

以上二名係户股字識每名津貼銀六兩月共支

銀十二兩
書手十二名每名津貼銀四兩月共支銀四十八兩
聽差二名月共支銀十兩
心紅月支銀二十兩
局費月支銀四十兩

軍督部堂趙　為
札飭事照得圖什業圖蒙荒總局前經委令陶令鏞幫辦在案茲該員已委署綏中縣事應即遴員接辦查有山西降調知縣瞿令光焯堪以兼任其所遣硝磺局一差自應由財政局另行派員接充除分札外合行札飭札到該局即便知照特札

右札圖什業圖蒙荒行局准此

光緒三十二年閏四月二十七日

軍督部堂趙　為

札飭事案照本年三月十七日承准

欽命查辦蒙古事宜管理理藩院事務和碩肅親王咨開為咨

行事照得本爵大臣於光緒三十一年十一月二十一日

具奏遵

旨籌辦內外蒙古大概情形一摺奉

旨依議欽此欽遵在案茲擬於本年三月內先往東四盟一帶

查辦事宜所有沿途一切供用須有由各地方官代為採

買之處均由本行轅按價給值為此相應鈔粘原奏咨行

貴將軍查照轉飭所屬地方一體遵照可也等因承准此

除分行外合行抄粘原奏札仰該局即便知照特札

計抄粘原奏

右札圖什業圖蒙荒行局准此

光緒三十二年三月二十二日

奏為遵
旨籌辦蒙古情形恭摺覆陳仰祈
聖鑒事竊奴才於光緒三十一年十一月二十五日准軍機大臣
字寄奉
上諭程德全奏時機危廹亟宜開通各蒙一摺據稱蒙古各盟世為北邊屏蔽承平日久習與便安比年時局變遷亟宜設法經營以資控制所陳墾務各節不為無見著該親王

理藩院及各將軍都統督撫等各就地方情形妥籌辦理詳晰具奏原摺著鈔給閱看將此各諭令知之欽此遵

旨寄信前來仰見

朝廷綏蒙固圉先事圖維之至意恭聆之下欽服莫名查該署將軍奏稱固圉之方別無奇謀勝算惟有將各蒙荒地及時一律開放庶足收補牢之效除晉邊歸綏等處及察哈爾右翼蒙荒吉林邊外前郭爾羅斯一旗暨奉天附近各蒙業已報墾外黑龍江所屬三蒙前與署將軍達桂派員丈放現已漸有端倪惟索岳爾濟山東西一帶如烏珠穆沁阿魯科爾沁以及左右札魯特圖什業圖巴林左右翼等旗廣袤數千里荒蕪空曠非將此處開通中間仍相阻

隔函應仿照晉邊辦法
特旨簡派大員督辦該處墾務居中布置其宗旨以不規近利
廣招人民務期邊境充實貫通一氣伏望
聖明立斷等語伏查該署將軍所稱索岳爾濟山東西一帶烏
珠穆沁等蒙旗哲里木卓索圖昭烏達錫林郭勒等盟分
隸於奉天將軍熱河察哈爾兩都統環拱直隸邊墻以外
南蔽畿疆東控遼瀋自昔為藩籬重地誠如該署將軍原
奏所稱失此不圖長城以北將有拊背之患奴才前於本年
十月二十八日准軍機處交片奉查辦蒙古事件之
命當即會同練兵處王大臣擬從東四盟暨察哈爾一部內蒙
古入手先固近畿東北之防寖西而北徐圖進步意見均

屬相同本年五月曾由練兵處派有軍政司副使姚錫光
考查內蒙古情形據副使覆稱東部內蒙辦法當從蒙鹽
墾租兩項為立足地步作實邊之計將來路礦諸務以次
推行其規畫似較該署將軍所奏尤加詳備其策蒙鹽則
擬厚予蒙旗之利其籌墾租則擬暫蠲放荒價銀亦與該
署將軍奏請不規近利廣招人民之宗旨相合而其歸宿
尤以興學練兵為統制蒙古長策奴才現經奏
命經營蒙古擬即督同該副使先從東蒙入手辦理以要其成
至奴才愚意所在尤有進者則以宣布
聖慈德音優崇黃教堅其服從之心藉收指臂之效以是為經
而以該署將軍原奏及該副使所覆陳諸節目為緯以期

本末兼該張弛無弊其一切詳細辦法應由奴才於本年該
蒙古王公年班到京時開誠布公妥籌辦法並候奴才親赴
該各部落查察情形一併隨時具奏奉
旨辦理至教育一端亦為經理蒙古急務喀拉沁郡王貢桑諾
爾布因開辦學堂著有成效業蒙傳
旨嘉奬應請
明詔責成該郡王推廣辦法以為蒙地舉行庶政之基礎使各
蒙部有所觀感又查該署將軍原奏稱理藩院為管轄諸
蒙而設擬請
旨飭下該院凡遇蒙古王公貝勒年班進京並應承襲引
見者曉以大義宣布

皇仁務期心悅誠服等語奴才現管理藩院衙門整頓清釐責無
旁貸惟獘竇所叢實難枚舉擬容奴才博訪年班諸王公並
俟過歷各蒙部詳詢積獘情形期盡得其根株乃能用其
抉剔所有遵
旨籌辦擬將經理東四盟內蒙古大概情形並請
旨飭下奉天將軍熱河察哈爾兩都統遵照辦理各緣由理合
繕摺覆陳是否有當伏乞
皇太后
皇上聖鑒訓示謹
奏

局銜爲咨行事案查敝局現奉
軍督憲札交哲里木盟長公文兩件飭由敝局發交蒙旗
轉遞
貴盟長查收並飭此後遇有發蒙旗文件及有關係荒務
者均由敝局分發除應行扎薩克圖暨扎薩公旗圖什業
圖各旗蒙文當由敝局就近轉遞外其餘所咨
貴盟長公文等件此次係由敝局交到
貴盟長界内達莫蘇達官接收轉遞以期迅速並請
貴盟長札飭該達官嗣後凡敝局交到公文即具回收將
公文隨時轉遞勿得延壓再肅王現在查辦東四盟事務

倘亦有公文交由敝局轉發亦即一律照辦此爲慎重公
文起見相應咨商
貴盟長請煩查照轉飭施行須至咨者
右　　　　　咨
哲里木盟長郭爾羅斯公
光緒三十二年四月十六日

局銜　爲咨行事案據
貴王旗印務梅勒瑪克他春等於四月十四日前來敝
局聲稱
貴王旗現有需款之處請先由敝局借墊銀四千兩
查敝局現雖開辦尚未收有荒價既係
貴王旗周款甚急應即通融以資使用當由敝局轉向
號商代借洮平銀四千兩面交來員瑪克他春等照數
領訖除呈報
軍督憲並咨財政局備查外相應咨行
貴王旗請煩查驗見覆施行須至咨者

右　　　　　　咨

圖什業圖親王旗

光緒三十二年四月十七日

呈報圖什業圖王旗借銀四千兩已由號商借撥恭請鑒核備案由

雙局銜為呈報咨行事竊案據圖什業圖王旗印務梅勒瑪克他春等於四月十四日前來職敝局聲稱該王旗現聞肅王查辦東盟事務將次到圖應備供應請先由職敝局借墊銀四千兩查職敝局現雖開辦尚未收有荒價既據稱該王旗用款孔急應即通融以資使用當由職敝局轉向號商代借洮平銀四千兩點交來員瑪克他春等照數領訖隨咨該王旗查收見覆一俟收有荒價即行撥還該商以清款目除分咨財政總局暨蒙荒省局　查照外理合相應備文呈報咨行為此呈請合咨

呈報　督憲備查暨分咨

憲台鑒核施行

貴總總局請煩查照施行　須至呈咨者

右

軍督部堂趙
財政總局
圖什業圖蒙荒總局
光緒三十二年四月十七日

暫署扎薩克圖什業圖親王旗印務頭等台吉得力克呢瑪爲
咨覆事茲因扎薩克處需用款項於光緒三十二年四月
初十日出派梅倫瑪克塔春等前赴
貴局借款而由
貴局轉向鋪户商借市平銀四千兩交付梅倫瑪克塔春
承領令本扎薩克處業已照數收到理合備文咨覆
貴局請煩存照可也須至咨者
右　　　　　　　　　　　　　　　　咨
奏派總辦圖什業圖親王旗蒙荒行局

光緒三十二年閏四月初八日

奏辦奉天財政總局　為
咨行事光緒三十二年閏四月初二日奉
軍督憲批
貴局呈報圖什業圖王旗用款孔亟商請借撥因未收有
荒價先由號商借給洮平銀四千兩俟收有荒價即行撥
還請查核緣由奉批准其借用俟收有荒價即行撥還仰
財政總局查照繳等因奉此並准
貴局咨同前因相應咨行
貴局煩即查照一俟收有荒價即將商款撥還咨明敝局
查核須至咨者

右　　　　　　咨

圖什業圖王旗蒙荒行局

光緒三十二年四月十五日

軍督部堂趙　為
恭錄札飭事照得本軍督部堂於光緒三十二年三月二
十六日具
奏為續放扎薩克圖王旗山餘各荒暨展放溝川各荒派員
設局辦理大概情形等因一摺當經抄奏飭知在案茲於
四月十一日奉到
硃批該衙門知道欽此除欽遵並分行外合行恭錄札仰該局
即便欽遵特札　計抄奏一件

右札圖什業圖蒙荒行局准此

光緒三十二年四月十五日

奏為續放扎薩克圖王旗山餘溝川各荒謹將派員設
局大概情形恭摺具陳仰祈
聖鑒事竊查奉省前次開辦扎薩克圖王旗荒務於洮兒河南
北岸創設一府兩縣成效已著該王旗荒界以内尚有毘
連靖安縣之七十七道嶺毘連洮南府之黄羊圈綽勒木
山餘各荒以地太磽薄無人承領廢棄至今荒界以外則
塔拉根莫力克圖吳遜噶杈各溝川以分界封禁山多於
地未議開闢上年洮南府知府會商該王旗呈請開放經
飭令勘明界址地段分别餘荒展荒切寔妥議辦理茲據呈
覆商允該王旗指明前項界内餘荒三段情願續放並願
展放前指界外之新荒一段復據該旗郡王烏泰呈請奏

咨立案前來查殖民闢地西政所崇固圉寔邊當務尤亟現在扎薩克荒務告竣圖什業圖墾政繼興該旗介處兩旗之間犬牙相錯爭界纏訟經年不休疆理未分葛藤難斷誠恐積衅不解别釀事端且該荒段内或爲澤藪或係山巒林茂菁深道路險僻平時兵力不及本匪徒出没之區尤慮逐虎負嵎爲全省逋逃之藪計非及時丈放無以清訟累而策治安而籌款之謀尚在所後但此項餘荒地瘠太甚非劃以界外較腴之地必無承領之人故展闢新荒更爲放墾招徠之要該郡王於前届封禁各溝川呈請開放深明大義殊堪嘉尚惟該旗承積訟之後王及屬下人等情形窘乏亦爲可憫此次荒務自應於覈實之中兼

籌休郵之法以期上裨
國計下拯蒙艱現已飭委保升直隸州知州留奉候補知縣
張翼廷馳赴該旗設立蒙荒行局總辦其事以專責成所
有清丈招領收價升科一切辦法擬仿照該旗前屆荒務
暨鎮國公旗荒務成案酌量變通務求完備應俟委員到
段勘丈明確體察情形擬定章程再行分別奏咨立案所
有續放扎薩克圖王旗山餘各荒暨展放溝川各荒派員
設局辦理大概情形除分咨查照外理合恭摺具陳伏乞
皇太后
皇上聖鑒訓示謹　奏

軍督部堂趙　　　為
札飭事案據巡防營務處財政總局會稱案奉憲台
批據科爾沁右翼蒙荒行局呈接收吳統領撥到馬
步各隊所用各色槍枝未帶子母可否飭由營務處
照發或由行局開銷之款就近購備請核示並送清
單案奉批仰財政總局會同巡防營務處核議覆奪
再行飭遵繳單存等因奉此並准該局開單咨送職
局前來准此職局因查各色槍枝子母事隸軍火究
竟軍火處有無存儲能否如數發給必須詳查明確
方能核辦即經開單咨查去後茲准該處以查明單

開各色子母惟鐵板開瑟一項無存其餘均可照發等因咨覆前來職處職局查該行局地屬蒙旗伏莽未靖應准照單發給子母由該行局備文逕赴軍火處領回應用以資捍衛其鐵板開斯槍子母一項軍火處既無存儲亦准於收存荒價項下動款購買作正開所有會議緣由是否有當理合具文呈覆憲台查核俯賜札飭該行局暨軍火處遵照辦理再此係職財政局主稿合併聲明等情據此除批示如呈辦理候分飭軍火處並該蒙荒行局遵照繳等因印發外合行札仰該局即便遵照特札

右札圖什業圖蒙荒行局准此

呈為請領各色子母候　批飭遵行由

雙局銜為呈請咨行事竊查職案查敝局前准副北路統巡吳傚陞撥到
馬步各隊當經點驗接收造具清冊另文呈報分咨在
案查收隊內馬步什兵等所用各色槍枝並未隨帶
子母亟應趕緊請領以便分布進荒藉資保衛謹兹將
應需各色子母數目繕單呈請
憲台督憲鑑核可否飭營務處轉由貴處照發抑或由職敝局就近購備
請由正款開銷之處伏候
批飭督憲批飭遵行除咨營務處查照呈請督憲核飭外理合相應備文具呈咨行為此呈請合咨
憲台鑑核批飭貴處局請煩查照施行須至呈咨者

附呈送清單一件

右

軍督部堂趙

暂轅營務處

財政總局

蒙荒首局

光緒三十二年四月初九日